# コンパクトシティ実践ガイド

医療・福祉・子育て連携！

コンパクトシティ研究会 [編]

ぎょうせい

# はしがき

　本書は立地適正化計画制度（都市再生特別措置法の平成26年一部改正の施行による）を受けて本格化したコンパクトシティの取組について、医療・福祉・子育て支援の観点から解説と事例の提供を行い、各自治体における取組を促進する目的で作成された。その背景として、介護や保育が行政の関わりの深い分野であり、また抽象的にはまちづくりとの連携が提唱されているにも関わらず、具体的にコンパクトシティに取り組もうとする多くの都市において、福祉部局とまちづくり部局の連携が円滑に進まない状況が見られる。

　各都市における福祉部局とまちづくり部局の調整の実態を見ると、2つの大きな課題があると考えられる。一つは、自治体の福祉部局の果たす役割や行動原理の共有の不足、もう一つは、まちづくりそのものへの認識不足である。多くの自治体において人員の削減の中での業務量の増大への対処に取り組むにあたって、このような価値観の切り替え・受け入れは容易ではないが、福祉部局、まちづくり部局の双方で取り組む必要がある。

　まず、福祉行政全体の行動原理の中で、自治体がどのような役割を果たすべきかを福祉部局が認識し、その課題解決にまちづくり部局の手を借りる意識を持つこと、その一方で自治体のまちづくり部局も福祉部局の置かれている立場について理解を深めることが、連携の前提である。

　その上で、まちづくりの目的を「公民が連携して、市民が必要とするサービス事業を自立可能、継続可能な形で成り立たせること」に置くことについて、両部局の共通理解が求められる。医療・福祉・子育て支援のサービスについては、福祉の側面から、報酬の規定等に基づく公的な資金の提供や、運営体制、施設の仕様等について一定の規制がなされている場合がある。だが、そのことをもって、福祉を特別なものとして扱うことは、持続可能な都市を構想する上では誤りと言わざるを得ない。

　全てを金銭に換算せよということではない。専門職としての役割を果たすこと、ボランティア、人との触れ合い等により得られる満足感がまちづくりにおいて重要な要素であることは否定しない。

　しかし、今後数十年は多くの地域において人口の減少が避けられない局面において、都市の行政に関わる各部局が、「その事業がその地域で継続的に成り立つためできることは何か」について力を合わせることができなければ、また、医療・福祉・子育て支援を担う各事業者の立場や、それらのサービスを日常的に利用する住民の側の立場を理解し、都市内の各地域における10年後、20年後の世帯構成等も推計しながらより良い将来像に近づける努力を怠るならば、その都市の未来は暗い。

　一方で、各サービスの関係者それぞれの立場を読み解き、公民が連携して各事業を成立させる力を磨き続けるならば、仮にその結論が立地適正化計画の策定ではないとしても、

その力は地域の経済等様々な分野に好影響をもたらすことが期待できる。
　そこまで高尚に構えずとも、自分や仲間たちの子供たちの世代が、また職場や学校の後輩たちの世代が、自分の年齢になった時に幸せに暮らせるまちを、関係者それぞれの立場に立って考え続ければまちは変えられる。本書がそのための一助となれば幸いである。

平成29年1月末日

コンパクトシティ研究会代表　大島英司

# 目　次

## 第1章　コンパクトなまちづくりの進め方　～福祉との連携～

1．まちづくり部局としての取組の方向性 ················································ 3
2．自治体の福祉部局における実態の把握 ················································ 3
3．地域包括ケアシステムに係るまちづくり部局側のスタンス ···························· 7
　（1）施設の配置に関する行政の働きかけの可能性の検討を後回しにすべき理由 ········ 8
　（2）世代間交流を論点に含める必要性 ················································ 10
　（3）地域包括ケア及び子育て施策との連携によるコンパクトなまちづくりの推進 ···· 12
　　（参考）公共交通とコンパクトシティ ················································ 13
　（4）将来像の議論を踏まえた、着手可能な施策の検討について ······················ 16
　　（参考）「健康・医療・福祉のまちづくりの推進ガイドライン」について ·········· 17
　　（参考）「立地適正化計画策定の手引き」について ································ 18

## 第2章　事例で知るコンパクトシティづくりのポイント　～医療・福祉施設～

1．医療・福祉施策とまちづくり施策との連携に係る国の取組 ························· 23
　（1）コンパクトシティ形成支援チーム ················································ 23
　　（参考）コンパクトシティと関係施策の連携の推進について ······················ 24
　　（参考）コンパクトシティに向けた取組と整合する介護施設等の整備の推進について
　　　 ············································································································ 26
2．医療・福祉施策と連携したまちづくり ················································ 28
　（1）宇都宮市における介護施設の立地誘導の事例 ··································· 28
　（2）柏市における医療・看護・介護サービス拠点モデルの事例 ···················· 30
　（3）花巻市における病院の地域内移転と連携したまちづくり ······················ 32
　（4）高崎市等における公的不動産を活用した多世代型施設の取組 ················· 33
　（5）長岡市における再開発と連動した中心市街地への社会福祉センター移転 ······· 35
　　（参考）コンパクトシティと高齢者向け住宅（青森市） ···························· 37
　（6）富山市の小学校跡地における介護予防施設の導入の取組 ······················ 39
　（7）高松市における地域包括ケアセンター等の統合整備の取組 ···················· 41
　　（参考）小規模多機能支援拠点の取組（南国市等） ································ 44

目 次

## 第3章　事例で知るコンパクトシティづくりのポイント ～子育て支援施設～

1. 子育て支援施設とまちづくり ……………………………………………………47
 (1) 子ども・子育て総合支援制度における小規模保育事業について …………47
  （参考）小規模保育事業の概要 ……………………………………………47
 (2) 保育所等の利便性に関する基本的な考え方 …………………………………49
2. 子育て支援施策と連携したまちづくり …………………………………………49
 (1) 枚方市における立地を踏まえた保育所間の役割分担の設定 ………………49
 (2) 高槻市における小規模保育事業のまちなかへの立地促進 …………………50
 (3) 鳥取市における小規模保育事業のまちなかへの立地促進 …………………51
 (4) 流山市における送迎保育ステーションの取組 ………………………………53
  （参考）地域の実情に合った総合的な福祉サービスの提供に向けたガイドライン…54

## 第4章　参考資料

○地域包括ケア及び子育て施策との連携によるコンパクトなまちづくりの推進について
　（技術的助言）………………………………………………………………………57
○地域医療施策と都市計画施策の連携によるコンパクトなまちづくりの推進について
　（技術的助言）（市町村宛）………………………………………………………60
○地域医療施策と都市計画施策の連携によるコンパクトなまちづくりの推進について
　（技術的助言）（都道府県宛）……………………………………………………62
○高齢者向け住まい施策と連携したコンパクトなまちづくりの推進について
　（市町村宛）…………………………………………………………………………64
○高齢者向け住まい施策と連携したコンパクトなまちづくりの推進について
　（都道府県宛）………………………………………………………………………66
○健康・医療・福祉のまちづくりの推進ガイドライン（技術的助言）……………67
【参考】誘導施設に関係する主な支援制度 ……………………………………………155

# 第1章

## コンパクトなまちづくりの進め方
## ～福祉との連携～

## 1 まちづくり部局としての取組の方向性

コンパクトシティを形成する上で、一番必要なのは、自治体の中でも見晴らしのよい場所に立つスタッフが、都市の将来に影響を創り出す立ち位置で検討にかかわることである。

現時点では、少子・高齢化が最もコンパクトシティへつながる動機となっているが、最も勘違いされているのは、コンパクトシティを少子・高齢化の延長線上でやむを得ない解決策としてとらえる方向性である。自治体がコンパクトシティに取り組む当初の設定が、この考え方に基づいており、それを自治体のまちづくり部局がまちづくりに関わる民間事業者や民間事業に対して出資を行う金融機関等にとって魅力的なまちづくりを考える方向に修正できず、従来の行政の計画手法に頼って処理しようとするため、自治体のまちづくり部局がコンパクトシティに関する取組に同じ自治体の福祉部局の応援を得ることが難しく、コンパクトシティ施策が行き詰まりかけている現状がある。

これからコンパクトシティに取り組む各自治体のまちづくり部局は、福祉部局の向こうにいる福祉関係事業を担う民間事業者、またその事業への出資者に対して、働きかける視点を明確に持たなければならない。

## 2 自治体の福祉部局における実態の把握

自治体内の福祉部局が具体的なまちづくり施策に踏み出せないことには、いくつかの理由がある。まちづくり部局は福祉部局がなぜ踏み出せないのかを理解しなければ、求められている変化に対応できない、という点を本書では最も重視している。行政の構造が縦割りだから、その背景には業務を増やしたくないという意向、あるいは利権を守りたい思惑があるから、という考え方を本書は採らない。人口減少により、自治体職員が減少している中、そのような考え方をする部署が存続できる余地は少なくなっている。そのような考え方にとらわれるよりは、相手はベストを尽くそうとしていると考え、何が相手の行動の原理なのか、そして、それに影響を与える要素は何なのかを自らが見通し、アクションを起こすことが重要である。

自治体の福祉部局とまちづくり部局の間で話が通じにくい一つの理由は、福祉部局の顧客は、現在の高齢者であり、将来の高齢者ではないことにある。現在の高齢者に対して最適なサービスとは、基本的には、高齢者が獲得できる全ての資本が、現時点の高齢者の幸福を実現すべく最も効率的に配分されるということであり、そこに10年後、20年後に高齢者となる市民の意見は反映されない。高齢者としての将来像に、多くの高齢者予備軍が目をつぶっているのが現実である。直接、高齢者の医療・介護・居住等に触れる機会があるのは、介護等の手配が必要になった子供の世帯か、もしくは介護等に施設の職員、専門家

第1章 コンパクトなまちづくりの進め方 〜福祉との連携〜

等として職業的に関わる人材に限られている。

そして、子供の世帯にとっては、子供の義務として身近に迫ってくる親の介護等の課題を最小限に抑えることが最優先の課題となる。親の世代が健康である世帯は、介護等が必要になった世帯に対して意見を言うことが難しい、という事情も重なり、介護等の実態を知る者から、地域の将来像、まちづくり等に関して前向きな意見が聞かれることは難しい状況にある。

一方で、介護等に係る専門家からも、まちづくりも含めた今後の高齢者像について現在の仕組みに対する意見が出ることは期待できない。一つの理由としては、自治体と同様に、関わる対象が多くの場合において高齢者に限定されており、他の世代から高齢に移行していくプロセスにまで触れ、そのあり方を考察する立場に無いことが挙げられる。もう一つの理由としては、介護等の制度が基本的にはサービスの提供を主体にしており、施設等の基準は、本来はサービスをより良く提供するための手段でしかないにも関わらず、施設に関する課題を全て福祉部局で受け取めることが求められてきたために、施設・居住の在り方とサービスの連動に関する提案がタブーと見なされかねない状態になっていることが挙げられる。

例えば、近年では介護サービスの事業所と集住スペースを同一敷地内に置いてサービスを提供する場合について、介護報酬を減額する仕組みがとられた。また、最近では、ワンルームマンションの一部のフロアを老人ホーム仕様として介護サービスを提供している事業者について、なぜそのような施設が必要とされるのか、またそのような施設が望ましく

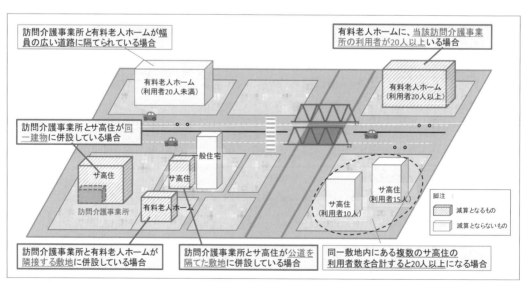

出典：島根県庁Webサイト
※島根県HP「平成26年度集団指導資料〔島根県〕Ⅱ訪問入浴介護」より脚注位置筆者編集

図1－1　集合住宅に居住する利用者へのサービス提供に係る評価の見直しイメージ図

ないとされる本質的な理由は何であるのかが明確に示されないまま、批判的に取り上げられる傾向がみられる。判断力の低下した高齢者に対し品質が不十分な介護サービスを提供して報酬を得ようとする事業者に適切に対応すべき、という考え方も必要ではあるが、不安を煽るだけでなく、高齢者が必要とするサービスを持続的に成立させるためのヒントが含まれている可能性を検証する姿勢も必要であろう。

　もちろん、医療、介護等の面でより高い報酬を得るためだけに事業を行うことを推奨するものではない。しかし、社会全体に既存建築物のストックが溢れ、空き家の活用が重要な課題となっている中、社会全体のシステムの最適化を論じる前段階でその可能性の芽を摘んでしまいかねない問題が生じている。入居費用を安くするために郊外に施設を立地させることが適当であるのか、都市部のワンルームマンションの一部を活用することが適当であるのか、それをイメージだけで語れるほど、日本の都市は高齢者について余裕のある将来像を描けてはいない。

　サービスの提供について報酬を支払う原則を持つシステムにおいては、サービスの内容が劣化しない限りは、提供の仕方の工夫を妨げるべきではなく、また施設の規制をがんじがらめに行うべきではないと考えられる。そのとおりにならないのは、施設についても規制されていればより安心と皆が思い込んでおり、かつそれが介護サービスという狭い分野の中で閉じて検討されているためである。それらのサービスを支える原資がどのように社会活動の中で生まれ、税金として徴収され、そのうちどれだけがサービスに、どれだけが施設の高度化に適用されることが適切であるかの議論は十分には行われていない。

　これは、決して間違ったことをしているという意味ではない。介護に関する制度のどこ

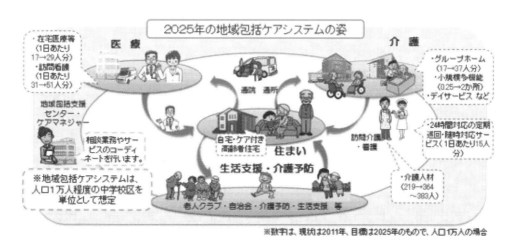

図1－2　地域包括ケアシステムの概要

を見ても、介護を含めた社会経済が円滑に回るかどうかを考えて制度を作り運用するようにと書いてある訳ではない。しかし、そのことに基礎自治体である市町村が無関心であることは、実質的にもう許されない状況が迫っていることは明らかである。

　一部の自治体では、必要な事項については国からの通達（技術的助言）があるはずであり、一部のコンパクトシティに関する通達を除いてはそれが無いということを挙げて、自治体行政がそこまで関わる権限が無いという説を唱えている場合がある。しかしそのような自治体が認識しなければならないこととして、これだけ高齢化社会の都市政策が課題となっている中でも、現時点では、国には、地域包括ケアシステムと、既存建築ストックの更新などのまちづくりを総合的に結びつける場は設けられていない。そもそも、地域包括ケアが具体的にどのような内容であるべきか、その指導や助言のあり方をとりまとめる部局を国の機関は有していないのである。地域包括ケアを具体的な施設の機能や配置等の面でどのような形で実現するかは、基本的に自治体に一任されていると言ってよい。

　なぜそのような状態とならざるを得ないのかは、先ほどの施設に関する論調が本来サービスの提供が主体であるシステムに影響を与え、施設に関する内容の規制に踏み込まざるを得なくなっている状況と重ね合わせるとわかりやすい。国の行政が具体的な施設等とからめて、制度の運用のあり方に関わる動きをした場合、各地域で様々な波及効果が生じ、特に地域の実状を踏まえずに自治体が画一的な処理を行おうとした場合などについて、全国からの「適切に運用されていないではないか」という指摘に対応しなければならない状況が生じるためである。そして、それらの指摘は往々にして、社会全体の状況を踏まえて、より適切な運用に誘導するためにはどうすればよいか、という方向ではなされない。結果として社会経済情勢の中での事業の継続性の課題、事業者の不足、公的財源の不足等にかかわらず、国から守るべきルールや多様な参考事例は示されても方向性が示されず自治体が判断を迫られる範囲はソフト面を超えて施設の性能の向上に及ぶ。

　ある意味、国の介護、福祉部門はあくまで事例提供に徹し、具体的にどのような運用がよい、という推奨の仕方を避けることでサービス提供のシステムの運用の範囲に極力業務を限定し、具体の施設について次々と要求が積みあがる方向での、事業性の悪化による制度上の破綻を回避しているとも言える。地域包括ケアを具体的にこのように実現するべきだ、という具体の方針を統括する部局を設けようとしなければ、不適切な、あるいは世論的には不適切に見える運用を行った施設があったとして「その通りにやったらこんな問題施設が現れたではないか」という指摘を、地域包括ケアシステム全体で受けて、ましてシステムの本体とは思われていない施設のハードの部分で受けて財政の悪化を促進させるような事態は生じない。社会全体を見て行われている訳ではない即地的な指摘に対しては、極力、各分野で局地的に対処する方が、全体に与える影響は小さく抑えることが可能だということにも一面の理はある。

　問題は、課題が上記のような仕組みの上で地方公共団体に委ねられていることが明確に

示されないまま、医療、介護、福祉の各分野を維持してきたいわゆる縦割り行政の仕組みもまた機能し続けていることにある。もちろん、それとなく理解している自治体福祉部局の職員はいるが、まちづくり部局との間で地域包括ケアシステムとまちづくりの連動の意図を持って人事交流がなされているような例外を除き、福祉部局の職員がまちづくり部局の職員に対し、福祉行政の成り立ちや構造を説明する動機を持つことはない。ほとんどの福祉部局の職員は、それどころではないほどに多忙である。多様な福祉事業者、サービスを受ける側の高齢者等に各種制度の内容を適切に示すだけでも容易なことではない。

医療、介護、福祉の仕組みは各分野ごとの制度の調整を頻繁に行うことで維持されている部分があり、自治体は制度やその運用の変更に漏れなく対応するために注力せざるを得ない。そもそも、地域包括ケアシステムが提唱されたということは、外見的には隣接している制度としか見えないが、あえてシステムとして提唱しなければ、上記の各分野の連携すらおぼつかない状況であったと解釈することもできる。そして、地域包括ケアシステムが提唱されたことで、現在、人口減に合わせて定員を削減している自治体に、そもそもの高齢者等の増加やそのニーズの多様化に伴う業務量増加を上回る人員の増員があったか、他の分野との連携業務のために業務量の調整があったかと聞けば、ほとんどの自治体からは否という回答しか聞けないだろう。そして、それぞれの分野の業務の内容についての国の立場は上記のとおりであり、連携しての施設配置等に直接関わることはない。

地域包括ケアシステムという言葉は提唱され法律上の位置づけも与えられたものの、自治体の中で福祉部門の考え方が変わるには、まだまだ時間を要するということを念頭に置かなければ、自治体のまちづくり部局としては過剰な期待をしているということになりかねない。

上記のような事情から、自治体の福祉部局は、見晴らしのよくない業務の構造となっている。そこで、まだ比較的見晴らしのよい位置にいるまちづくり部局がどのように振る舞うかが、その都市の将来を決めることとなる。

## 3 地域包括ケアシステムに係るまちづくり部局側のスタンス

上記の状況を踏まえ、現時点では、自治体のまちづくり部局が地域包括ケアシステムに対して取ることのできる対応は以下のとおりである。

① まちづくり部局が主体となって、介護、福祉施設等がまちづくりの中でどのように配置されるべきかのイメージを共有する場を設ける。その際、制度上、その施設の配置に対して行政として働きかけることが可能であるかどうかの検討は後回しとすることを申し合わせる。

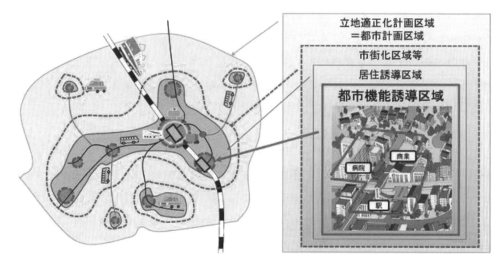

出典：国土交通省Webサイト

図1−3　立地適正化計画制度（都市再生特別措置法）

② どのように世代間交流が行われるべきかの観点を含めることとする。
③ 方向性の議論の後に、可能な部分から着手を検討する。

以下、どうしてそのような対応が必要かを説明する。

## (1) 施設の配置に関する行政の働きかけの可能性の検討を後回しにすべき理由

現在、コンパクトシティに関する法制度としては、都市再生特別措置法に規定される立地適正化計画制度が用意されている。この制度は、コンパクトシティに関する取組を制度としてどのように裏打ちするかについて一つの具体的な形を示したものであり、都市施設等の整備に関する国土交通省の支援制度等の連動が図られたことで、現在も多くの都市で立地適正化計画の策定の取組が進んでいる。

しかし、その一方で、制度的な裏打ちを与えられたことで、これまでコンパクトシティという言葉を、誰かが実施してくれるもの、と捉えていた部局においては、拒絶反応が生じる場合もある。この制度においては、立地適正化計画にそぐわない開発に対する自治体の勧告制度は設けられているものの、その勧告に従わなかったことの罰則は定められていないため、あくまでも誘導施策の範囲にとどまる制度と言える（届け出義務違反については罰則が科せられる。）。強制力を有さない誘導施策と位置づけることで、民間事業者同士の競争を必要以上に抑制したり、関係する諸制度を、その目的と異なる方向に歪めることは考えにくい制度となっているが、それでも一部の施設においてはその設置の根拠となる法律等の目的上誘導を図ることが過剰な干渉となるのではないか、との懸念を有している

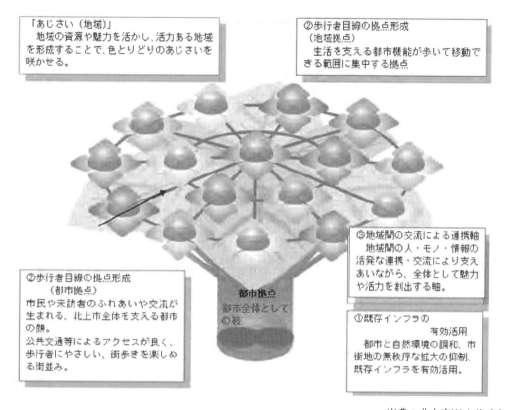

図1-4　あじさい都市のイメージ

自治体は存在する。そして、全国レベルでその懸念を払拭する動きは、前述のとおり期待できない状態にある。

このような状況の下では、コンパクトシティに関する議論の下地の薄い自治体が立地適正化計画制度の適用を前提に介護・福祉施設の配置について検討を始めることは難しい場合がある。

しかし一方で、地域包括ケアシステムの構築に関する課題の解決を、まちづくりとの連動なしで、専門家や専門機関同士のネットワーク構築などのソフト面で済ませられると明言できる自治体もほとんどない。前述のとおり、全国レベルではシステム構築の具体の方向性について触れることは憚られても、また自治体の部局レベルでは業務上の余裕が無いとしても、世論は明らかに、地域包括ケアシステムの各分野に係るソフトと施設を切り離して見ようとはしていない。地域包括ケアシステムの構築を委ねられているのが自治体の福祉部局だけであるかのように受け止めようとするために国や県からの指針の不足という状況から脱することができずに処理が困難な状態に陥っているだけであって、自治体全体として自らの持続可能性のために検討しなければならない課題である。

第1章 コンパクトなまちづくりの進め方 〜福祉との連携〜

　自治体としては難しいバランス感覚を要求される対応ではあるが、立地適正化計画制度の誘導の仕組みを適用しうるかの議論は後回しに、地域包括ケアシステムに係る施設の立地等の議論を行えるかどうかが、今後、各自治体の持続可能性を考える上で重要な要素となると考えられる。

　なお、一部に立地適正化計画制度を活用することは可能であっても、全体像を立地適正化計画に描くことが難しいと考えられるコンパクトシティ構想の事例としては、例えば岩手県北上市のあじさい都市構想などが挙げられる（図1－4）。

## (2) 世代間交流を論点に含める必要性

　地域包括ケアシステムの構築を検討する際に重要なことは、高齢者のみに的を絞った議論にしないことである。そのことには、二つの理由がある。

　一つの理由は、高齢者世代についてだけの議論では、地域の持続性のために議論をする、という論点が薄れがちになるためである。特定の世代に集中した議論は他の世代の無関心を招きがちであると同時に、その結論について意見が割れた場合に調整の余地を見出すことが難しい。高齢者とそれを介護する者だけに的を絞るのではなく、地域の中で各世代が移り変わっていく中で、どのようなまちを目指し、どのような施設が必要とされるかを議論することが重要である。

　もう一つの理由は、関係施設の中で、入所型の施設が当初の議論の中心ではないことが共有されやすくなるためである。介護関係施設の中でも入所型の施設は入所者が外出行動を自ら行うことが困難であることが前提にあり、立地の概念と関係が比較的薄いため、コンパクトシティに関する検討の入り口とするのは難しい部分がある。それにもかかわらず自治体のまちづくり部局がコンパクトシティ施策と地域包括ケアシステムの構築の連携についての協議を福祉部局側に呼び掛けたところ、「高齢者向けサービスのあり方についてまちづくりとの連携を検討するのであれば、まず入所型の施設の担当者を」と判断されてしまい、最初から最も話のかみ合わない分野の担当者との協議に陥る事例も見られる。そのようなボタンの掛け違いにより、地域の将来像を議論する時間を浪費することになれば、大きな損失である。

　世代間の交流を主題に据えることで、通所型の機能を含む施設を議題として確保することが容易になる効果が見込める。なぜならば、今後の世代間の交流の促進を前提に置いた場合、通所型の施設を利用可能な高齢者を対象とした方が、実現の可能性が高いことが自治体の福祉部局においても了解されやすいためである。高齢者が必要なサービスを利用するために、まちの中を移動する視点から検討を始めることが、まちづくりとの接点を確保する上で極めて重要となる。通所型の施設を議題とすることで、高齢者の移動の観点を導きだすことも可能であるし、また通所型の機能を含めた小規模多機能型の施設を通じて訪問型のサービスに話題を展開することも可能となる。

地域包括ケアシステムに係るまちづくり部局側のスタンス

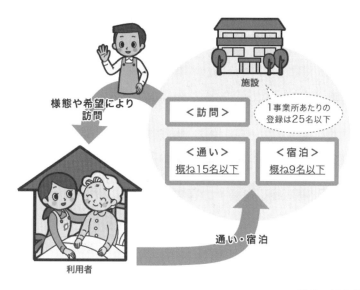

図1-5　小規模多機能型施設のイメージ

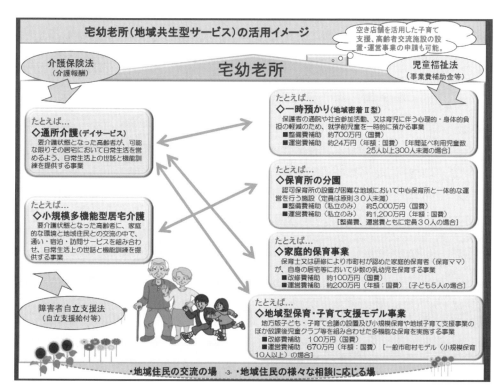

図1-6　宅幼老所（地域共生型サービス）のイメージ

第1章　コンパクトなまちづくりの進め方　～福祉との連携～

　小規模多機能型の施設は、訪問、通所、宿泊などを複合的に提供する施設である。全てのサービスを提供するためにケアマネージャーの移行が必要になるなどの面で既存のサービスと競合する場合があるが、一方でコミュニティカフェ併設の事例など、地域での世代間交流等の可能性を持っており、立地適正化計画の適用を前提としない形で、先行事例の検討などが望まれる施設形態でもある。また、宅幼老所（地域共生型サービス）のように、小規模で家庭的な雰囲気の中、高齢者、障害者や子どもなどに対して、一人ひとりの生活リズムに合わせて柔軟なサービスを行う取組なども参考となる（図1－6）。

## (3) 地域包括ケア及び子育て施策との連携によるコンパクトなまちづくりの推進

　世代間の交流を、地域包括ケアと子育て施策との接点として位置づけるヒントとして、内閣府・厚生労働省の関係部局と国土交通省都市局が連名で平成28年10月4日に発出した技術的助言である「地域包括ケア及び子育て施策との連携によるコンパクトなまちづくりの推進について」（技術的助言）が挙げられる。地域医療とコンパクトなまちづくりとの連携については別途技術的助言が厚生労働省と国土交通省の関係部局の連名で出されていることに対し、あえて地域包括ケアを構成する医療・介護サービスの提供と、子育て支援施設に関する内容が一体的な助言として発出されたことは、これまで述べた福祉行政の事情等と関連づけて捉える必要がある。

　介護等のサービスに関する施設の立地等については、国が具体的な助言を行うことが困難であるために、サービスの提供体制について将来の都市像を踏まえ、適切な検討を行うべきとの助言に留まっていることが見てとれる。

　一方で、子育て支援に関する施設は、助言の内容に施設の整備の観点が含まれている。言わば、介護等のサービスの提供体制と子育て支援に関する施設の整備を「多世代交流の促進」で大くくりにする観点を、自治体のまちづくり部局と福祉部局に同時に提供していることが、この技術的助言の特質である。この助言をどのように活かせるかが、コンパクトなまちづくりに取り組む自治体にとって、今後の重要な課題の一つとなると考えられる。

## 参考 公共交通とコンパクトシティ

　コンパクトシティの議論においては、公共交通の論点が不可欠となる。バス路線網の維持が困難となっている自治体においても、軸となる路線を定め、都市機能やインフラを重点的に維持すべきエリアを絞り込んで効率化を図っていくことが考えられる。その際、現時点でバス路線が持続できている地域においては可能な限り、運行の維持のための議論を行いつつ、その骨格を基に地域の持続性を検討することが望ましい。

　公共交通の利用促進、公共交通沿線への居住誘導施策、公共交通で結ばれた拠点への都市機能の確保などの施策は、本来は一体的に検討されるべきであり、国土交通省の立地適正化計画制度の解説においては、コンパクト・プラス・ネットワークと表現されている。

　しかし一方で、既にスポーク型に各路線が展開してしまっている場合には、仮にある程度、どの路線を幹線とすべきかのイメージは地元の関係者の間で共有されていたとしても、公共交通の再編が実際に可能かどうかについて実感がない場合もあり得る。

　そのような場合には、公共交通路線網の再編についての検討を先行させた方が実感が湧きやすい。高齢者においても、交通という生活の一場面を切り出すことで、施設そのものの配置を議論するよりも、参加者が具体的なイメージを共有しやすい場合が考えられる。家族が高齢者を当然のように都市中心部等に送迎している場合に、地域の公共交通の検討会に参加することで、高齢者が公共交通や福祉有償運送を利用している様子が初めてイメージできるようなケースも見られる。

　公共交通の運行の効率化、利用促進等によって持続性を高められる見込みがある場合には、ぜひ公共交通路線網の再編の検討に取り組むべきである。例えば、鳥取市においては、立地適正化計画の検討に先立って、公共交通網の再編の検討に取り組んでいた経緯が

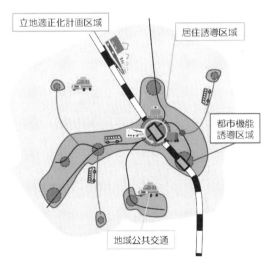

図1-7　立地適正化計画のイメージ

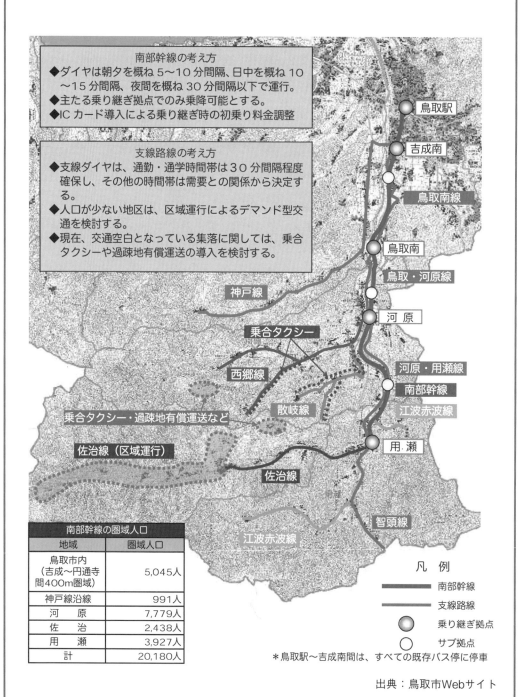

図1-8 鳥取市における公共交通網再編（南部幹線）のイメージ

ある。公共交通の必要性について、またそれを関係機関と市民が協力して支えていく必要性についての議論が先行していたことが、同市におけるコンパクトシティの議論の前提となっている。

なお、高齢者の交通問題について論じる場合、年代による自動車運転免許取得率の偏りの問題と、自動運転車両技術の話題となることが想定されるため、可能な範囲で備えておくことが望ましい。

運転免許取得率については、現在の高齢者は女性の免許取得率が低いため高齢者の交通手段確保の問題が過大に受け止められているとの指摘が考えられる。この点については、高齢者の運転免許証の返納率に加え、高齢者ドライバーの事故率等も参照し、また今後高齢者となる世代が将来にわたって自動車の運転が必須となることの負担感の有無等についても、地域の多様な世代の意見を聴取することが必要と考えられる。運転免許を取得しているからといって、自ら運転しながらできるだけ居住地を移さずに住めるだけ住み続けるという選択を行うとは限らないことに注意が必要である。

一方、社会的なニーズに応じて開発が進むこともあり得るが、現時点では地方都市において自動運転車両技術が根本的な解決策となることは考え難い。現時点の自動運転は車線が確保され、十分な整備が行われた路面の上で実現しているものであり、一定程度の道路管理のためのパトロールや補修は行われているものの路肩のメンテナンス等に課題を有し、また行き違いのための運転操作がさけられない地方都市の生活道路の現状において、抜本的な解決策として期待することは適切ではないと考えられる。

第1章　コンパクトなまちづくりの進め方　～福祉との連携～

## (4) 将来像の議論を踏まえた、着手可能な施策の検討について

　上記の検討を行った上で、他都市における既存の取組事例を参考にしつつ、可能な取組を行っていくこととなる。その際に重要となるのは、自治体において、現時点で実行可能な施策があるかどうかにこだわりすぎて、その自治体の将来において必要と思われる地域包括ケア等の課題とその解決のためのまちづくりとの連携について検討した内容を放棄しないことである。

　自治体の福祉部局に与えられている権限は、こと施設の配置については非常に小さく、立地適正化計画制度を社会福祉施設等に適用することについては、極めて消極的とならざるを得ない状況にある。そのため、自治体のまちづくり部局は、その向こうにいる、介護等のサービスを提供する事業者、サービスを利用する高齢者、そして地域の中で年齢を重ねていくかどうかを判断し、またその実現方策を模索していく他の世代に対し、働きかけを行わなければならない。

　その自治体において求められる高齢者向けサービスの将来の姿がどのようなものであるかは、自治体に権限があろうと無かろうと事業者、利用者、将来の利用者を含めた自治体住民自らに委ねられていることが明確にされなければならない。地域包括ケアシステムはある意味理念であって、どのような組み合わせ方が正解であるかを地域の外の誰かが設計してくれる訳ではない。そのことを明確に地域住民が共有しなければ、地域の将来像を描く猶予はどんどん失われてゆく。

　そして、将来像の検討の際には、国土交通省において立地適正化計画制度の制定と合わせて整理された都市の構造等に関する様々なチェックリスト、評価手法を有効に活用するべきである。立地適正化計画制度は、コンパクトシティを実現するための仕組みの一つであって、将来のまちづくりについて検討したことの全てを、立地適正化計画として記載しなければならないということではない。そして、立地適正化計画制度のみによって直接関与できる（強制力の無い勧告制度によって自治体の意向を伝えることができる）内容は誘導すべき都市施設として計画に位置づけたとしても非常に限定的である。しかし、法定計画としての役割は部分的、限定的にならざるを得ないとしても、立地適正化計画という手段を用いてその都市の将来像を切り出せるかどうかを検討することは、多くの都市において、それまで欠落していた視点を提供できる可能性を有している。もちろん、従来の都市計画マスタープランにおいても、そのような将来像の一部を描くことができなかった訳ではない。しかし、コンパクトシティの考え方の一つの切り口に過ぎないとはいえ、都市の将来像に係る即地的な計画を策定するかどうか、そこに誘導すべき施設として住民に必要なサービスを記載しうるかどうかを検討することが、まちづくり部局の業務の一つとして改めて位置づけられた意味は大きい。

　自治体において公務として取り組むには、自治体として果たすべき役割がある何らかの

制度が用意されていなければならない。また、その福祉等に関する制度の目的や大きな方向性にはかかわってくるとしても、規制、支援等の行政のツールを用いるにあたり必須とされていない要素についての検討に時間を割くことは容易ではない。その内容が、一見、自治体内の他の部局の守備範囲に見える場合には、なおさらである。

　その点、国土交通省の用意した立地適正化計画制度は、一種のツールであり、全てのタイプのコンパクトシティを網羅したり、コンパクトシティに関わる全ての内容をその制度上で動かせるようなものではないが、そのツールが有効であるかどうかを検討する上ではその都市なりのコンパクトシティに関する様々な要素を議論する必要がある。これまで自治体の各部局の業務同士の隙間に落ち込んでいた各種の課題にまちづくり業務として光を当てることを可能にしたことは、非常に重要な意味を持つ。その中でも、立地適正化計画制度と同時に平成26年8月に公表された「健康・医療・福祉のまちづくりの推進ガイドライン」（技術的助言）と、「立地適正化計画の策定の手引き」の果たす役割は大きなものがあると期待されている。

### 参考　「健康・医療・福祉のまちづくりの推進ガイドライン」について

　超高齢社会の到来に対応するため、多くの高齢者が地域において活動的に暮らせるとともに、助けが必要な高齢者に対しては、「地域包括ケアシステム」の構築とまちづくりとの連携等により、地域全体で生活を支えることができる社会の構築が必要である。このために、「街を歩く」ことや「コミュニティ活動」から生まれる多面的な効果を踏まえ、多くの市民がより自立的に、また、必要な場合には地域の支援を得て、より活動的に暮らせる「健康・医療・福祉のまちづくり」に取り組んでいくための指針として国土交通省から「健康・医療・福祉のまちづくりの推進ガイドライン」が公表されている。その実現のための手段としてはコンパクトな都市構造への取組が念頭に置かれているが、立地適正化計画制度のための専用のガイドラインではない。健康・医療・福祉の各分野においてまちづくりとの連携が抽象的には取り上げられつつも、前述のような背景の中で具体的な方向性について示されてはこなかった。そのため、立地適正化計画と医療・介護等に関わる施設との関わり以前に、健康・医療・福祉とまちづくりの関わりを可能な範囲で整理する役割をこのガイドラインが担うことが期待されている。

第1章　コンパクトなまちづくりの進め方　～福祉との連携～

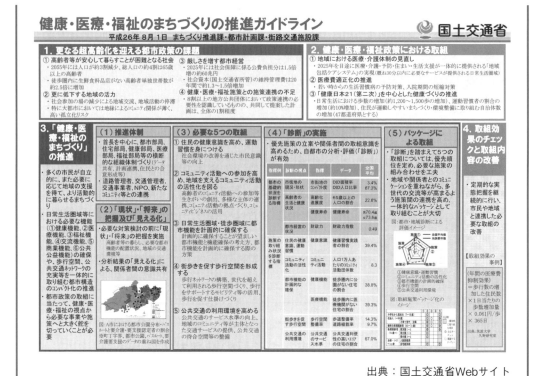

出典：国土交通省Webサイト

図1-9　健康・医療・福祉のまちづくりの推進ガイドランの概要

## 参考　「立地適正化計画策定の手引き」について

　立地適正化計画の策定に係る検討は、様々な分野での基礎的な検討を突き合わせて、都市の将来像をコンパクトシティの観点からより具体的に描く作業となる。その検討の中には、将来人口推計、都市機能の立地、居住、土地利用の現況や公共交通の利用状況、財政の見通しなどの議論が含まれる。

　国土交通省の提供している「立地適正化計画策定の手引き」においては、関連する計画や他部局の関係施策等の整理を行った上で都市の現状と将来を展望し、

　・市民の生活や経済活動を支える上で都市がどのような課題を抱えているのか
　・（長期を展望しつつ）20年後にも持続可能な都市としてどのような姿を目指すのか

を分析し、解決すべき課題を抽出すれば、自ずと誘導すべき土地利用や施設が見えてくる、というスタンスで記載されている。

　その上で、
（ア）まちづくりの方針（ターゲット）の検討
　　～どのようなまちづくりを目指すのか

（イ）　目指すべき都市の骨格構造、課題解決のための施策・誘導方針（ストーリー）の検討

～どこを都市の骨格にするのか。都市が抱える課題をどのように解決するのか。どこにどのような機能を誘導するのか。

（ウ）　誘導区域等、誘導施設及び誘導施策の検討

～具体的な区域、施設をどう設定するのか。施設を誘導するため、どのような施策を講じるのか

の３つの検討が立地適正化計画の検討として重要であるとしているが、（ア）、（イ）は最終的に立地適正化計画に盛り込むこととするか否かに関わらず、今後の人口減少、高齢化の社会の中で都市を持続させていくために重要な課題である。福祉部局とまちづくり部局の間での齟齬を埋めつつ、都市の将来像を検討するためのツールとして、現時点で国が同じレベルで提示しているものは他に見られないため、このツールを最大限に活用することが、検討を手遅れにしないために必要であろうと考えられる。

また、念頭に置くべき事項としては、平成28年12月末時点で全国で309団体が立地適正化計画の策定に取り組んでいることが挙げられる。まだ計画策定数は限定的ではあるが、他の自治体がコンパクトシティの検討を通じ、他部局との連携に必要な、共通認識の醸成等にどのように取り組んだかの先行事例が蓄積されつつある状況となっている。

**4.①関連する計画や他部局の関係施策等の整理について**　国土交通省

○コンパクトシティ形成に向けた取組は、都市全体の観点から、居住機能や都市機能の立地、公共交通の充実等に関し、公共施設の再編、国公有財産の最適利用、医療・福祉、中心市街地活性化、空き家対策の推進等の**まちづくりに関わる様々な関係施策と連携を図り、それらの関係施策との整合性や相乗効果等を考慮しつつ、総合的に検討することが必要**です。

○関係施策との連携を図るためには、都市計画部局と関係施策の担当部局等のまちづくりの主要な担い手のほか、誘導施設を整備する民間事業者や関係団体、公共交通に係る交通事業者、住民代表等の様々な関係者が参画する協議会を設置するなど、**都市計画部局と医療・福祉・子育て支援・商業等の担当部局等が連携して、共有した都市が抱える課題の解決に取り組んでいくことが重要**です。

○また、計画作成にあたっては、関連する計画や他部局の関係施策等の整理をすることが重要です。

**関連する計画・他部局の施策等の一覧**

**関連する計画**
- 市町村の総合計画
- 市町村マスタープラン
- 都市計画区域マスタープラン
- 地方版総合戦略

**他部局の施策等**
- 地域公共交通網形成計画
- 中心市街地活性化基本計画
- 公共施設等総合管理計画
- 農業・林業
  - ・農業振興地域整備計画
  - ・地域森林計画
  - ・市町村森林整備計画
- 低炭素まちづくり計画
- 都道府県住生活基本計画
- 福祉・医療
  - ・都道府県医療計画
  - ・市町村介護保険事業計画
  - ・市町村高齢者居住安定確保計画
  - ・市町村地域福祉計画　　等

**配慮すべき事項**
- まちづくりのための公的不動産有効活用ガイドライン
- 健康・医療・福祉のまちづくりのための推進ガイドライン
- 都市構造の評価に関するハンドブック
- 鉄道沿線まちづくりガイドライン

出典：国土交通省Webサイト

図１－10　「立地適正化計画策定の手引き」における他部局との連携の必要性の提示

第1章 コンパクトなまちづくりの進め方 ～福祉との連携～

**立地適正化計画の作成について具体的な取組を行っている都市**

平成28年12月31日現在

| 都道府県 | 市町村 | 都道府県 | 市町村 | 都道府県 | 市町村 | 都道府県 | 市町村 | 都道府県 | 市町村 |
|---|---|---|---|---|---|---|---|---|---|
| 北海道 | 札幌市 | 群馬県 | 太田市 | 福井県 | 小浜市 | 三重県 | 名張市 | 岡山県 | 津山市 |
| | 函館市 | | 館林市 | | 大野市 | | 亀山市 | | 総社市 |
| | 旭川市 | | 渋川市 | | 勝山市 | | 伊賀市 | | 高梁市 |
| | 室蘭市 | | 藤岡市 | | 鯖江市 | | 朝日町 | 広島県 | 広島市 |
| | 釧路市 | | 吉岡町 | | あわら市 | 滋賀県 | 大津市 | | 呉市 |
| | 北広島市 | | 明和町 | | 越前市 | | 彦根市 | | 竹原市 |
| | 石狩市 | | 邑楽町 | | 越前町 | | 草津市 | | 三原市 |
| | 鷹栖町 | 埼玉県 | さいたま市 | | 美浜町 | | 守山市 | | 福山市 |
| | 東神楽町 | | 川越市 | | 高浜町 | | 栗東市 | | 府中市 |
| 青森県 | 青森市 | | 本庄市 | 山梨県 | 山梨市 | | 野洲市 | | 大竹市 |
| | 弘前市 | | 春日部市 | | 大月市 | | 湖南市 | | 東広島市 |
| | 八戸市 | | 深谷市 | | 笛吹市 | | 東近江市 | | 廿日市市 |
| | 黒石市 | | 戸田市 | | 上野原市 | 京都府 | 舞鶴市 | 山口県 | 下関市 |
| | 五所川原市 | | 志木市 | 長野県 | 長野市 | | 亀岡市 | | 宇部市 |
| | 十和田市 | | 坂戸市 | | 松本市 | | 長岡京市 | | 山口市 |
| | むつ市 | | 毛呂山町 | | 上田市 | | 京田辺市 | | 萩市 |
| 岩手県 | 盛岡市 | | 越生町 | | 岡谷市 | | 南丹市 | | 光市 |
| | 花巻市 | | 小川町 | | 諏訪市 | 大阪府 | 豊中市 | | 周南市 |
| | 北上市 | | 鳩山町 | | 小諸市 | | 吹田市 | 徳島県 | 阿南市 |
| 宮城県 | 仙台市 | | 寄居町 | | 駒ヶ根市 | | 高槻市 | 香川県 | 高松市 |
| | 大崎市 | 千葉県 | 松戸市 | | 茅野市 | | 守口市 | | 丸亀市 |
| 秋田県 | 秋田市 | | 成田市 | | 佐久市 | | 枚方市 | | 坂出市 |
| | 大館市 | | 佐倉市 | | 千曲市 | | 茨木市 | | 多度津町 |
| | 湯沢市 | | 柏市 | | 安曇野市 | | 八尾市 | 愛媛県 | 松山市 |
| | 大仙市 | | 市原市 | 岐阜県 | 岐阜市 | | 寝屋川市 | | 宇和島市 |
| 山形県 | 鶴岡市 | | 流山市 | | 大垣市 | | 河内長野市 | | 八幡浜市 |
| | 長井市 | | 酒々井町 | | 多治見市 | | 大東市 | | 新居浜市 |
| | 中山町 | 東京都 | 日野市 | | 関市 | | 箕面市 | | 西条市 |
| 福島県 | 福島市 | | 福生市 | | 大野町 | | 門真市 | | 大洲市 |
| | 郡山市 | 神奈川県 | 相模原市 | 静岡県 | 静岡市 | | 高石市 | | 伊予市 |
| | いわき市 | | 横須賀市 | | 浜松市 | | 東大阪市 | | 四国中央市 |
| | 須賀川市 | | 藤沢市 | | 沼津市 | | 阪南市 | | 西予市 |
| | 喜多方市 | | 小田原市 | | 熱海市 | 兵庫県 | 神戸市 | | 久万高原町 |
| | 二本松市 | | 秦野市 | | 三島市 | | 姫路市 | 高知県 | 高知市 |
| | 国見町 | | 大和市 | | 富士市 | | 尼崎市 | | 南国市 |
| | 猪苗代町 | 新潟県 | 新潟市 | | 磐田市 | | 西宮市 | | 土佐市 |
| | 矢吹町 | | 長岡市 | | 焼津市 | | 西脇市 | | 須崎市 |
| | 新地町 | | 三条市 | | 掛川市 | | 高砂市 | 福岡県 | 北九州市 |
| 茨城県 | 水戸市 | | 新発田市 | | 藤枝市 | | 朝来市 | | 大牟田市 |
| | 日立市 | | 小千谷市 | | 袋井市 | | たつの市 | | 久留米市 |
| | 土浦市 | | 見附市 | | 裾野市 | | 福崎町 | | 直方市 |
| | 古河市 | | 燕市 | | 菊川市 | | 太子町 | | 飯塚市 |
| | 石岡市 | | 糸魚川市 | | 伊豆の国市 | 奈良県 | 大和高田市 | | 行橋市 |
| | 下妻市 | | 五泉市 | | 牧之原市 | | 大和郡山市 | | 小郡市 |
| | 高萩市 | | 上越市 | | 函南町 | | 天理市 | | 宗像市 |
| | 取手市 | | 魚沼市 | | 長泉町 | | 桜井市 | | 太宰府市 |
| | 牛久市 | | 南魚沼市 | 愛知県 | 名古屋市 | | 五條市 | | 朝倉市 |
| | つくば市 | | 胎内市 | | 豊橋市 | | 葛城市 | | 遠賀町 |
| | 坂東市 | | 田上町 | | 岡崎市 | | 宇陀市 | 佐賀県 | 小城市 |
| | 境町 | 富山県 | 富山市 | | 春日井市 | | 川西町 | | 嬉野市 |
| 栃木県 | 宇都宮市 | | 高岡市 | | 豊川市 | | 田原本町 | 長崎県 | 長崎市 |
| | 栃木市 | | 氷見市 | | 刈谷市 | | 王寺町 | | 大村市 |
| | 鹿沼市 | | 黒部市 | | 豊田市 | 和歌山県 | 和歌山市 | 熊本県 | 熊本市 |
| | 日光市 | | 小矢部市 | | 江南市 | | 海南市 | | 荒尾市 |
| | 那須塩原市 | | 入善町 | | 小牧市 | | 有田市 | | 菊池市 |
| | 那須烏山市 | 石川県 | 金沢市 | | 東海市 | | 新宮市 | 大分県 | 大分市 |
| | 下野市 | | 小松市 | | 知立市 | | 湯浅町 | | 竹田市 |
| | 芳賀町 | | 輪島市 | 三重県 | 津市 | 鳥取県 | 鳥取市 | | 杵築市 |
| 群馬県 | 前橋市 | | 加賀市 | | 四日市市 | 島根県 | 大田市 | 宮崎県 | 都城市 |
| | 高崎市 | | 野々市市 | | 伊勢市 | | 江津市 | 鹿児島県 | 鹿児島市 |
| | 桐生市 | 福井県 | 福井市 | | 松阪市 | 岡山県 | 岡山市 | | 姶良市 |
| | 伊勢崎市 | | 敦賀市 | | 桑名市 | | 倉敷市 | | |

<u>合計 309団体</u>

※平成28年12月31日時点で、大阪府箕面市（平成28年2月15日公表）、熊本市（平成28年4月1日公表）、岩手県花巻市（平成28年6月1日公表）及び札幌市（平成28年8月1日公表）は計画を作成・公表済み。それ以外の都市のうち97都市は平成28年度に計画を作成・公表する予定。

出典：国土交通省Webサイト

図1-11 立地適正化計画の策定に取り組む都市

第2章

事例で知るコンパクトシティ
づくりのポイント
〜医療・福祉施設〜

# 1 医療・福祉施策とまちづくり施策との連携に係る国の取組

## (1) コンパクトシティ形成支援チーム

　地域包括ケアシステムの構築とまちづくりの連携に関する具体の取組については、先行的な自治体における取組がモデルとなることが期待される。

　立地適正化計画制度等を活用してコンパクトシティの取組を推進する自治体を支援することを目的として、厚生労働省の地域医療、高齢者支援、保育の各部局や国土交通省の都市、住宅部局等がメンバーとなった関係省庁横断の「コンパクトシティ形成支援チーム」が設置されている（まち・ひと・しごと創生総合戦略（平成26年12月27日閣議決定）に基づき、関係省庁申合わせにより平成27年3月設置）。

　平成27年9月30日時点の構成員は、内閣官房まち・ひと・しごと創生本部事務局参事官、復興庁統括官付参事官、総務省自治行政局市町村課長、総務省自治財政局財務調査課長、財務省理財局国有財産企画課長、金融庁監督局総務課長、文部科学省大臣官房政策課長、厚生労働省医政局地域医療計画課長、厚生労働省雇用均等・児童家庭局保育課長、厚生労働省老健局高齢者支援課長、農林水産省農村振興局農村政策部都市農村交流課都市農業室長、経済産業省商務情報政策局商務流通保安グループ中心市街地活性化室長、国土交通省総合政策局公共交通政策部交通計画課長、国土交通省住宅局住宅政策課長、国土交通省都市局都市計画課長となっている。この構成員によって「コンパクトシティと関係施策の連携の推進について」（技術的助言）が全自治体に向けて発出された。各省の施策においては、これまでもまちづくりとの連携が様々な場面で打ち出されていたが、抽象的な表現にとどまっていたものも多い。それに対し、コンパクトシティについては、基礎的な考え方が共有されていること、技術的助言の範囲ではあるが、具体の施策の連携に向けての検討に同意していることが示されたことは、重要な転換点であったといえる。

## 参 考 コンパクトシティと関係施策の連携の推進について

技術的助言より本文を抜粋
出典：国土交通省ウェブサイト

　我が国では、今後急速な人口減少が見込まれ、地方都市では拡散した市街地で居住の低密度化が進み、生活サービス機能の維持が困難になることが懸念される一方、三大都市圏の大都市では高齢者数の急増によって医療・福祉サービスの提供や地域の活力維持が満足にできなくなることが懸念されています。

　こうした中で、高齢者や子育て世代にとって安心して暮らせる健康で快適な生活環境を実現するとともに、財政面及び経済面において持続可能な都市経営を推進するためには、都市全体の構造を見直し、医療・福祉・商業等の生活サービス機能や居住を集約・誘導するコンパクトシティの形成とこれと連携した持続可能な公共交通ネットワークの形成が必要です。こうした取組を制度的に推進するため、昨年、都市再生特別措置法に基づく立地適正化計画制度及び地域公共交通活性化再生法に基づく地域公共交通網形成計画制度が創設されたところであり、現在多くの市町村においてコンパクトシティの形成等に向けた検討が進められています。

　コンパクトシティの形成に向けた取組に当たっては、都市全体の観点から、公共交通ネットワークの再構築をはじめ、地域包括ケアシステムの構築や公共施設の再編、中心市街地活性化等の関係施策との整合性や相乗効果等を考慮しつつ、総合的に検討する必要があります。このため、まち・ひと・しごと創生総合戦略（平成26年12月27日閣議決定）に基づき、市町村の取組が一層円滑に進められるよう、本年３月に関係省庁による「コンパクトシティ形成支援チーム」を設置し、省庁横断的な支援体制を構築しました。同チームでは、立地適正化計画の作成に関する相談会の開催等を通じて市町村の課題・要望等を把握し、コンパクトシティの形成に向けた取組において関係施策との連携を推進するための方策について検討を進めてきたところであり、先般、市町村が関係施策との連携を図る際に活用可能な国の支援メニュー等をまとめた「コンパクトシティの形成に関する支援施策集」をとりまとめたほか、支援施策のさらなる充実に向けた検討を進めています。

　コンパクトシティの形成に向けた取組をされる地方公共団体におかれましては、上記趣旨をご理解の上、立地適正化計画の作成などコンパクトシティの形成に向けた取組が、公共交通、中心市街地活性化、医療・福祉、子育て、公共施設再編、都市農地、住宅、学校、防災等のまちづくりに関わる様々な関係施策との連携の下で総合的に実施されるよう、庁内関係部局間の緊密な連携について特段のご配慮をお願い致します。各都道府県におかれては、貴都道府県内市区町村（指定都市を除く。）に対しても本通知について速やかにご連絡いただき、市区町村内の関係部局に趣旨が周知徹底されますようお願いします。なお、この通知は、地方自治法（昭和22年法律第67号）第245条の４第１項（技術的な助言）に基づくものであることを申し添えます。

なお、医療・福祉施策とコンパクトなまちづくり施策との連携の原点について補足すると、平成25年8月6日に公表された社会制度改革国民会議の報告書においては、既に以下のようなコンパクトシティに係る記載がなされている。
（下線筆者）
　「高齢化に伴い患者が急増することによって、医療需要が量的に増加するだけでなく、疾病構造も変化し、求められる医療もそれに合わせた形で変化する中で、医療資源を有効に活用し、より質の高い医療提供体制を実現するため、医療機能の分化・連携を強力に進めていくことが必須であるが、その改革の実現のためには、在宅等住み慣れた地域の中で患者等の生活を支える地域包括ケアシステムの構築が不可欠である。
　過度な病院頼みから抜け出し、QOLの維持・向上を目標として、住み慣れた地域で人生の後まで、自分らしい暮らしを続けることができる仕組みとするためには、病院・病床や施設の持っている機能を、地域の生活の中で確保することが必要となる。すなわち、医療サービスや介護サービスだけなく、住まいや移動、食事、見守りなど生活全般にわたる支援を併せて考える必要があり、このためには、コンパクトシティ化を図るなど住まいや移動等のハード面の整備や、サービスの有機的な連携といったソフト面の整備を含めた、人口減少社会における新しいまちづくりの問題として、医療・介護のサービス提供体制を考えていくことが不可欠である。」（出典：社会制度改革国民会議の報告書（首相官邸Webサイトより）
　しかしこの時点では、まだ立地適正化計画制度が成立していない。その一年後に立地適正化計画制度が施行され、さらに計画策定の検討開始にあたっての自治体の課題等を収集しつつ、各省横断のコンパクトシティ形成支援チームにおいてコンパクトシティの定義として何が共有されるべきかの確認がなされたことで、約二年後に同通知が発出されたことになる。このことにより、例えば全国介護保険・高齢者保健福祉担当課長会議（資料は厚生労働省Webサイトにおいて公開）に初めて「介護施設等の整備に関する事業に係る市町村計画等の事業選定にあたり、当該市町村が取り組むコンパクトシティ施策との整合への配慮」との記載が行われるなど、自治体内の関係部局間の調整のハードルを下げるための取組が進んでいる。

第2章　事例で知るコンパクトシティづくりのポイント　～医療・福祉施設～

> **参考**　コンパクトシティに向けた取組と整合する介護施設等の整備の推進について（全国介護保険・高齢者保健福祉担当課長会議資料より抜粋）
> 出典：厚生労働省Webサイト
>
> 　人口減少や高齢化により拡散した低密度な市街地においては、今後、住民の生活を支える医療・福祉・商業等のサービスの提供や地域活力の維持が困難になるおそれがあることから、平成26年の都市再生特別措置法改正を受け、多くの市町村において、持続可能なまちづくりを進めるため、医療・福祉・商業等の生活サービス機能や居住の集約・誘導により持続可能なまちづくりを進めるためのコンパクトシティ形成に向けた取組が進められている。国においては、まち・ひと・しごと創生総合戦略（平成26年12月27日閣議決定）に基づき、関係省庁横断の「コンパクトシティ形成支援チーム」（関係省庁申合わせにより平成27年3月設置）を通じて限られた資源の集中的・効率的な利用や効果の一層の発現を図るため、関係諸施策と整合的に取組が進められるよう市町村への支援を行っているところであり、地域包括ケアシステムの構築についても、コンパクトシティとの一体的推進を図るため、地方公共団体における関係部門間の連携促進、介護施設等の整備に当たっての配慮等に取り組むこととされたところである。
> 　ついては、介護施設等の整備に関する事業に係る市町村計画等の事業選定にあたり、当該市町村が取り組むコンパクトシティ施策との整合への配慮について検討いただくよう、管内市町村への周知をお願いしたい。（平成27年9月）

　さらに、その後も、個別の施策についてのより具体的な取組が続いている。例えば都道府県地域医療主管部局長及び都市計画主管部局長あてに、厚生労働省医政局地域医療計画課長及び国土交通省都市局都市計画課長の連名で「地域医療施策と都市計画施策の連携によるコンパクトなまちづくりの推進について」（技術的助言）が発出されている。

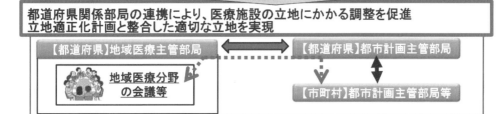

出典：国土交通省Webサイト

図2-1　地域医療施策と連携したコンパクトなまちづくりの推進

　また、介護保険事業等の併設サービスの観点と、住宅としての観点の両面から、サービス付き高齢者向け住宅に関する施策の動向について、コンパクトなまちづくりに取り組む自治体のまちづくり部局は留意すべきである。国は、高齢者、障害者、子育て世帯等の多様な世帯が安心して健康に暮らすことができる住環境を推進するためスマートウェルネス住宅等の推進の一環として、サービス付き高齢者向け住宅の整備を支援している。

　国の支援の交付申請にあたっては、平成28年4月1日から地方自治体のまちづくりに支障を及ぼさないものであること等について地元自治体が意見を述べられる制度が適用されており、コンパクトなまちづくりに取り組む自治体において活用すべき制度の一つとなっている。

　そしてさらに視野を広げると、平成27年10月に厚生労働省が「患者のための薬局ビジョン」により公表した2025年を目標に日常生活圏単位にかかりつけ薬局を置く構想にも留意する必要がある。平成28年4月からは調剤報酬の改定により、かかりつけ薬剤師制度もスタートしており、高齢者等の医療に関わる日常生活行動等にどのような影響を与えるのか、また地域の薬局側の動向について、自治体のまちづくり部局としては医療・介護サービスの動向に準じた関心を持つべきである。

第 2 章　事例で知るコンパクトシティづくりのポイント　〜医療・福祉施設〜

## 2　医療・福祉施策と連携したまちづくり

　以下の事例に挙げている自治体は、特に例外として記載のある場合を除き全て立地適正化計画策定を検討中（一部策定済み）の自治体である。

### (1) 宇都宮市における介護施設の立地誘導の事例

【宇都宮市における医療・福祉との連携のポイント】

> 高齢者向け施設（特別養護老人ホーム）の公募にあたっての評価に拠点との近接性を追加

　高齢者向けの施設の立地適正化の課題として、特に入所型の施設については立地を考えても無駄、との印象が強いことが挙げられる。中でも、特別養護老人ホームは、要介護1から5の認定を受けた65歳以上の方を対象としており、身体上または精神上著しい障害により、常に介護が必要な状態で、居宅において適切な介護を受けることが困難な方が入所する施設とされていることから、入所者のメリットとして、都市の拠点の近く等に立地していることのメリットが考えにくい施設の一つとされる。

　しかし、都市の機能の一部として、あるいは多世代が連なる都市におけるライフステージの一つとして見た場合、介護福祉施設としてのサービスが同程度の水準、効率で提供されるならば、地域によっては都市の拠点への近接性を評価項目に追加して、拠点に近接する施設の割合を高めることが有効に働く場合があり得る。

　都市の一部として見た場合、特別養護老人ホームの入居者自らが外出して地域に関わることは少ないかもしれない。しかしそこで勤務する介護等の専門性を有する人材や、関連する専門機関に勤務する人材の確保の観点から見た場合、また施設を訪問する親族等の立場から見た場合、都市の拠点に近い立地であることのメリットは軽視できない。

　また、世代間交流の観点も無視しがたい。特別養護老人ホームにおいては、入所者の状況等により、例えば感染症対策なども含めて様々な課題があり、どこまで地域の住民との交流の機会が設定されるべきか、という課題に一律の答えはない。施設の運営者が施設側で対処しようとすることについて一定の理解の上での提案が必要である。

　しかし一方で、①地域の住民に、介護福祉施設の理解の機会を提供することによって、要介護者が介護福祉施設をよく知らないがためにサービスを受けたがらないという状況を改善できる可能性、②また地域の小学生等との交流によって、利用者（高齢者）にとって気分転換となる可能性や、職員にとって第三者の目が入ることによって質の向上につながる緊張感が得られる可能性など世代間交流のメリットについて先行する自治体等において指摘がなされている。それらのメリットを発揮できるかどうかは、自治体のまちづくりの理念も含めた幅広い観点から、自治体毎に検討する必要がある。なお、既に立地に関する

医療・福祉施策と連携したまちづくり

要素が高齢者向け施設等の公募にあたっての評価に導入されている場合であっても、その規定を設けるにあたっての論点整理の際に、まちづくりやコンパクトシティについて触れていなかったために、それらの観点から触れるのは避けて欲しいと福祉部局が考えているケースもあり得る。そのようなケースを今後どのように取り扱うかについて福祉部局とまちづくり部局の間でざっくばらんな意見交換の機会を確保するためにも、立地適正化計画に盛り込むことを前提としない意見交換の場の設定は重要である。

宇都宮市の事例のように、公募に際して評価の一項目に拠点への近接性等の立地の観点を追加する方式は、事業者の意欲を損なわずに（すなわちサービスの供給を待っている高齢者を無用に待たせることなく）、またサービスの品質等に大きな影響を与えることなく、ゆるやかな誘導を実現できるという点で、医療・福祉とまちづくりの連携における今後の活用が期待される。

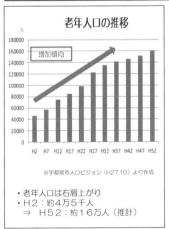
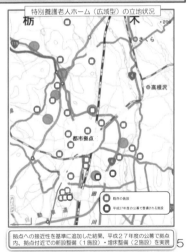

出典：国土交通省Webサイト

図2－2　宇都宮市における介護施設の立地誘導の取組

第2章　事例で知るコンパクトシティづくりのポイント　～医療・福祉施設～

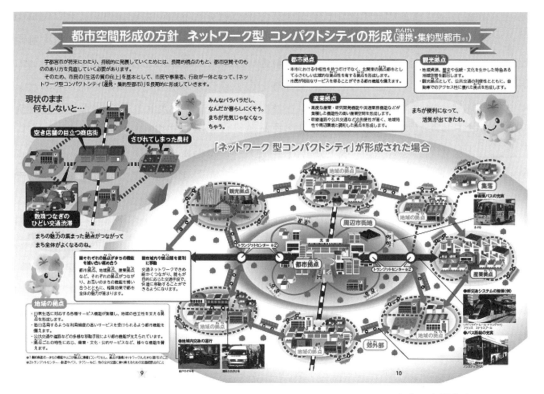

出典：宇都宮市Webサイト

図2-3　宇都宮市におけるネットワーク型コンパクトシティのイメージ

## (2) 柏市における医療・看護・介護サービス拠点モデルの事例

【柏市における医療・福祉との連携のポイント】

　老朽化した団地建て替えを機会に事業者・研究機関と共に当該地域をモデルとして検討に取り組み、高齢者向け賃貸住宅と在宅医療・看護・介護サービス拠点を複合、市内の各拠点への展開を構想

　柏市においては、超高齢・長寿社会における理想のまち・システムの提案と、実現のための体制づくりのための取組として、柏市で生じる課題について提言する対策の汎用性が高いと考えられた柏市豊四季台地域をモデルとして取り上げ、東京大学高齢社会総合研究機構、UR都市機構と連携して柏市豊四季台地域高齢社会総合研究会を実施している。

　豊四季台においては、地域包括ケアに係る多職種の連携ルールの設定、情報共有などのソフト面での検討が進められているほか、高齢者向け賃貸住宅の低層階に24時間対応の介護サービス等に関する事業者が入居した介護拠点のモデルや、柏市地域医療推進室が運営する総合窓口のほか、柏市医師会事務局、柏歯科医師会事務局、柏市薬剤師会事務局が併

設され在宅医療を含めた地域医療・介護を推進する地域医療拠点のモデルである「柏地域医療連携センター」等が設置されている。

そして今後は、豊四季台をモデルとして実施した内容を、柏市内の各拠点に展開することが構想されている。事業者による大規模な建て替えのタイミングであったことが検討を後押しした側面があるが、それを特定の地域での成功例に留めずに、市内の他の地域で応用するためのモデルとして位置づけている点が重要である。

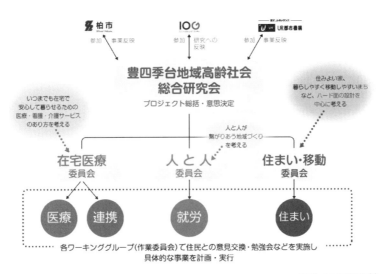

出典：UR都市機構Webサイト

図2−4　柏市豊四季台地域高齢社会総合研究会の構成

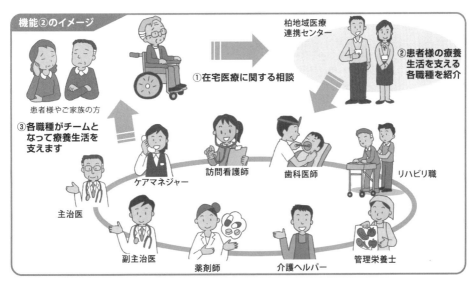

出典：柏市役所Webサイト

図2−5　柏地域医療連携センターの役割

第2章　事例で知るコンパクトシティづくりのポイント　～医療・福祉施設～

## (3) 花巻市における病院の地域内移転と連携したまちづくり

【花巻市における医療・福祉との連携のポイント】

総合病院のまち中への新築移転に向けた調整と、立地適正化計画に都市機能増進施設（「医療施設、福祉施設、商業施設その他の都市の居住者の共同の福祉又は利便のため必要な施設であって、都市機能の増進に著しく寄与するもの」と定義される）として以下の病院を定める検討を平行して実施。
○医療法第4条の2に定める特定機能病院
○地域医療支援病院（医療法第4条に定める地域における医療の確保のために必要な支援に関する要件に該当し、都道府県知事の承認を得た病院）

花巻市の事例においては、老朽化した総合花巻病院について、統合により北上市に移転となった旧県立花巻厚生病院の跡地への新築移転を行う計画の検討と並行して、立地適正化計画における誘導すべき都市機能の記載の検討が行われた。公益財団法人総合花巻病院の移転整備基本構想案によれば、二次救急受け入れの条件となる「一般病床」を維持しつつ、長期入院が可能で、在宅からの入院需要に対応できる「包括ケア病床」を新たに組み

出典：花巻市役所Webサイト

図2-6　総合花巻病院移転構想イメージ

込むほか、「特定入居者生活介護施設」（利用者が可能な限り自立した日常生活を送ることができるよう、指定を受けた有料老人ホームなどが、食事や入浴などの日常生活上の支援や、機能訓練などを提供するもの）を併設することにより医療と介護の包括的住民サービスが提供可能な施設として新築するとしている。

花巻市では、当該施設を街なかに維持することにより、医療・介護の連携、介護施設サービス、健診など予防、生活支援等「地域包括ケアシステム」の重要な構成要素を担うことを目指している。

また、新病院や高等看護専門学校、認可保育園などの複合的機能の展開により、移転地において年間80万人の交流が図られる見込みとして、市中心部におけるにぎわいの創出や、地域の活性化につなげることが検討されている。

## (4) 高崎市等における公的不動産を活用した多世代型施設の取組

【高崎市等における医療・福祉との連携のポイント】

> 市有地を定期借地として提供することにより、市の建設費負担の軽減を図りつつ、民間活力を活用して必要な高齢者施設を含む多世代型施設を整備

○高崎市の取組

高崎市は、高崎駅西口の中心市街地にある市有地に、民間のアイデアや資本を生かし、幅広い世代が交流できる施設・住居を集めた「多機能型住居」を整備するため、事業者による提案の募集を実施した。

候補地は、高崎市が駐車場として利用していた、移転した高崎郵便局の跡地で、同市連雀町、田町に市が所有する約2,748平方メートルの土地である。市は、市有地に50年間の定期借地権を設定して提供し、民間事業者が施設を整備し、公的施設部分については市が借り上げる仕組みとする。また、市の求める施設の占有分について固定資産税相当額を奨励金として事業者に還元し、経営負担を軽減するとしている。

事業者に決定された医療法人が実施した施設設計の概要としては、建物は10階建てとなり、施設構成は、1階が地域住民と大学生等が交流する多世代交流施設・福祉センター、2階は子育て支援の拠点施設として子どもの預かりや就業支援、子育て相談などの機能を持つとされている。3～4階は地域密着型特別養護老人ホーム（ベッド数は29床を予定）、5～6階はサービス付き高齢者向け住宅32戸を予定している。7～10階は若手の保育士・看護士など高崎市の福祉向上に必要とする人材や学生向けの住宅68戸となり、平成29年度から運用を開始する予定である。

第2章　事例で知るコンパクトシティづくりのポイント　～医療・福祉施設～

出典：高崎市役所資料

図2－7　高崎市多機能住宅イメージ図

○横浜市の取組
　また平成28年12月末時点で立地適正化計画の策定を検討している自治体には含まれていないが、公的不動産を活用した取組の例として、横浜市でも、事業者との50年の定期借地契約を行う「よこはま多世代・地域交流型住宅事業」として実施されている。
　地域の交流拠点としての機能や、高齢者に子育て世帯や地域とのつながりを持ってもらうことで、孤立化を防ぐ狙いもあるとされる。
　横浜市内の鶴見会館跡地で実施された同事業の概要としては、建物は6階建てであり、サービス付き高齢者向け住宅70戸と一般向け賃貸住宅29戸を備え、子育て世帯と高齢者が同一フロアに住むことができる構成となっている。複合施設としては、コンビニエンスストア、学習塾、クリニック、薬局などが入居している。交流スペースは総面積304平方メートル。定員約10人から30人までの大小会議室が4室あり、全てをつなげると最大100人まで収容可能となる。このスペースは高齢者向けのハード施設ではないが、地域とのつながりをコーディネートする専門員が配置され、また整備中の段階から周辺住民との間で施設内に入る交流スペースの活用法などを話し合う交流イベントを開催するなど、世代間交流というソフトの実現に注力しているタイプの施設と言える。
　公的不動産を利活用する等により、事業の成立を図ると共に、多世代交流による高齢者

の孤立防止との組み合わせを図る事業が各地で並行して取り組まれていることに着目するべきと考えられる。

## (5) 長岡市における再開発と連動した中心市街地への社会福祉センター移転

**【長岡市における医療・福祉との連携のポイント】**

> 中心市街地における再開発と連動して離れた場所にある社会福祉センターを移転させたほか、有料老人ホームとグループホームを整備。併行して、大学・民間企業と連携した多世代健康事業を推進。

　長岡市においては、2014年度からの5年間を計画期間とした長岡市の第2期中心市街地活性化基本計画において表町西地区の再開発を目玉とし、長岡駅から1キロメートルほど離れた場所にある社会福祉センターを移転させたほか、有料老人ホームとグループホーム、分譲マンションを整備した。官民連携による健康や医療、福祉の社会実験などを行う多世代健康事業モデルの構築や、複合施設アオーレ長岡の運営事業、屋根付き広場ナカドマ活用事業など、既存公共施設の有効利用も進め、中心市街地での公共サービスの充実を図ることとしている。

　また長岡市では平行して、進展する少子高齢社会への取り組みとして、「健康」をテーマとしたまちづくりを推進するため、慶應義塾大学大学院システムデザイン・マネジメント研究科及び企業コンソーシアムと共同で「多世代健康事業モデル研究会」を設立した。同研究会では、「多世代の健康」をキーワードに、市民ニーズや企業の提供サービス等を調査し、双方のマッチングを図りながら、「長岡市多世代健康まちづくり事業プラン」を策定している。長岡市ではこのプランを基に、健康の3要素として「運動」「食事」「休養」を良質かつバランスよく実践できるよう、健康づくりセミナーのまちなか等での開催、民間事業者のノウハウを十分に活用した健康拠点づくり、市民の健康づくりに関する社会実験等に取り組んでいる。

　中心市街地に高齢者向けの施設を移転させつつ、介護予防、成人病等の予防の観点から幅広い世代に広がりを持つ健康づくりをまちづくりの柱の一つとして取り入れ、大学・民間企業と連携した取り組みが並行して立ち上がっている点が着目される取組となっている。

第2章　事例で知るコンパクトシティづくりのポイント　～医療・福祉施設～

■複合施設棟

　地上14階建ての高層棟と6階建ての中層棟で構成し、高層棟は1階に歯科クリニック、1階から3階は学習塾となっています。また、4階から14階は66戸の分譲マンションが整備され、まちなか居住を促進します。

　中層棟は1階に業務施設（店舗）、1階から3階に公共公益施設の新・社会福祉センター、4階から6階は有料老人ホームが整備され、福祉の拠点と交流の場が生まれることが期待されています。

■駐車場棟

　地上4階建ての自走式駐車場を整備します。

出典：長岡市Webサイト

図2-8　長岡市表町西地区市街地再開発事業　施設概要

出典：長岡市Webサイト

図2-9　多世代健康事業モデル研究会

医療・福祉施策と連携したまちづくり

> **参考** コンパクトシティと高齢者向け住宅（青森市）

　青森駅前再開発ビル「AUGA（アウガ）」の隣には、ケア付き高齢者向けマンション「ミッドライフタワー」が建っている。2階にはクリニックや訪問介護ステーション、3階から4階にはケアハウスとなっている本施設は、青森駅前第一地区市街地再開発事業により整備されたものである。隣接するアウガの商業施設としての計画のあり方が、国内における初期のコンパクトシティの取組と結びつけて取り扱われることも多い事例であるため、当初計画から最終的な整備内容にいたる経緯を概観する。

　当初計画では、都市型ホテルを中心として低層部に商業施設を配置し、隣接する第二地区に予定していた百貨店（後に計画変更され、専門店集積による商業施設、青森市の図書館等による公益施設、駐車場から成るAUGA（アウガ）として平成13年にオープン）と共に青森駅前の顔づくりを目指していた。それが、バブル経済の影響を受け、平成5年に参加組合員より事業からの撤退の申し出がなされたことから、平成13年に住宅を主体とした計画による再構築が始まった。ファミリー層等の一般分譲を客層ターゲットとするのではなく、時には毎日となる雪下ろしの重労働や雪による移動困難を一番感じることとなる高齢者を対象とした企画により検討が行われた。さらに住宅の付加価値を高めるために、低層部には商業施設はもとより診療所を併設し、分譲のみならず賃貸居住部分としてケアハウスを導入した複合施設とし、平成18年1月に竣工を迎えている。

　青森市が、増大する行政コストの削減、郊外のスプロール化や中心市街地の空洞化を食い止めるため、都市計画マスタープラン（平成11年策定）において、①市街地の拡大に伴う新たな行財政需要の抑制、②過去のストックを有効活用した効率的で効果的な都市整備、③市街地の周辺に広がる自然・農業環境との調和、を目指した「コンパクトシティの形成」を都市づくりの基本理念に掲げたこと自体は、現在、各自治体で進められているコンパクトシティの検討と大きく異なるものではない。市内を「インナー」、「ミッド」、「アウター」の3ゾーンに分類し、各ゾーンごとに交通体系の整備方針を定め、また原則、「アウター」と位置づけられたゾーンでは開発を行わない考え方は住民の理解を得て実施されれば、実際に有効であったと考えられる。

　しかしその一方で、中心市街地の商業施設については、都市の構造に働きかけていく考え方と個別の地区の更新を急ぐ考え方の間に齟齬があった可能性がある。コンパクトシティの取組の目的の一つは、拠点として維持されるべき地域の需要を厚くし、そのことによって都市内建築物の民間主体による更新等を促すことで、現在拠点に存在している各種都市機能の撤退等を防ぐ効果等を発揮し都市の持続性を高めることにある。ただし、その効果はゆるやかなものであり、現在存在しない、あるいは損なわれている需要を新規の商業・サービス施設によって喚起できるとする考え方には限界があることを前提に、都市機能の維持を考えていく必要がある。

第2章 事例で知るコンパクトシティづくりのポイント ～医療・福祉施設～

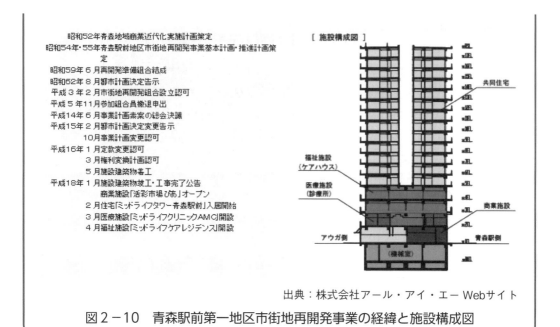

出典：株式会社アール・アイ・エー Webサイト

図2-10　青森駅前第一地区市街地再開発事業の経緯と施設構成図

## (6) 富山市の小学校跡地における介護予防施設の導入の取組

【富山市における医療・福祉との連携のポイント】

統合した小学校の跡地を活用し、必要な都市機能として介護予防施設、地域包括ケア施設等を導入。

富山市は、LRT（Light rail transit）を活用したまちづくり等により、よく知られているが、公的不動産（PRE：Public Real Estate）の活用についても、着実な取組を行っている自治体の一つである。既存施設の暫定利用や公設から、公設民営、プロポーザルによるPPPまで、様々なタイプの活用が行われている。

富山市では、旧星井町小学校の跡地を、公設民営の形で、介護保険で要支援1、2の認定を受けた方や介護予防が必要と認められた方のための介護予防センターとして市民に提供している。平成16年に跡地が発生したと同時期に介護保険制度において予防が重視されたことを受け、高齢者福祉の増進に資する施設として整備（温泉（寄付）を活用）することが決断されたとされている。この施設単体で見た場合には、必ずしも計画的に整備された施設ではないが、統廃合された小学校の跡地を着実に活用していく意図が公表されていたことが、施設整備の実現、実現による市の取組への市民の理解の促進、他の小学校跡地における検討の促進などにつながる好循環を生み出していると考えられる。

また、そのような好循環を生み出す上で、跡地活用に関する情報の開示は重要な要素であり、その面でも富山市の取組は参考になる。統廃合された小学校の跡地の活用情報は自

出典：国土交通省Webサイト（2013年5月富山市長講演資料）

図2－11　富山市における公有地を活用したまちづくり

第２章　事例で知るコンパクトシティづくりのポイント ～医療・福祉施設～

治体によってはWebサイト等からは入手しづらいケースが見られるが、これは小学校を廃校にするに当たっては地元の卒業生等の住民へ向けた説明が難航する場合が多いためと考えられる。公的不動産の有効活用というまちづくりの面からの評価は、地元住民への小学校の統廃合についての説明等を行った際の文脈と、ずれを生じる可能性が高い。改めてまちづくりの成果として紹介することが原因となって、自治体と地元の住民との間でトラブルになることを避けるため、まちづくりの観点からの施設の役割等については明言せずにおきたいという意向が働くことになる。しかし、一方で、そのような不透明さは、自治体が公的不動産全体の活用を図る上でマイナスに働く可能性が高いことも踏まえて、情報の開示の可能性を検討すべきである。自治体だけでは担えない機能を公的不動産を活用して発揮できる民間事業者を募るに当たり、既存の事例の取扱い等が民間事業者側からもチェックされるという意識を、自治体は強く持つ必要がある。

　公的な不動産を適切に活用することが、まちづくりの重要な一手段となっている状況下では、こうした資料が適切に公表されることで民間からの提案が集まりやすくなり、廃校や学校跡地が地域の生活を支える機能を発揮し続ける可能性を含めることが住民にも認識されていくことが、今後一層必要であると考えられる。

　また、市が30年間の事業用定期借地権設定契約により土地を貸与（公共施設については整備を事業者が行い、施設竣工後に市が買い取る。）することとしている旧総曲輪小学校跡地の活用事業の優先交渉権者も既に選定されている。こちらは約8,700m²の敷地に、公共施設として地域包括ケア施設と広場を整備、道路の拡幅などを行なうとともに、事業者の自由提案による民間施設を整備するというものである。うち地域包括ケア施設は、まちなか診療所、医療介護連携室、病児・病後児保育室、障害児支援施設、地域連携室、カン

出典：富山市役所Webサイト

図２－12　旧総曲輪小学校跡地活用事業　鳥瞰図（プロポーザル事業者選定結果より）

ファレンスルーム、まちなかサロン・産後ケア応援室から成ることとされている。

　優先交渉権者からは、民間施設としては運動や介護、薬膳、健康配慮型のコンビニなど、健康をテーマとした多様な施設を集積し、多世代の交流を意識した計画が提案されている。

## (7) 高松市における地域包括ケアセンター等の統合整備の取組

### 【高松市における医療・福祉との連携のポイント】

> 　地域における総合的な保健・福祉の相談窓口機能の充実、子どもから高齢者まで一体的・専門的な対応による保健・福祉サービスの向上の観点から、地域包括ケアセンター及び保健センターを、高松市地域行政組織再編計画に定める総合センター（仮称）に統合。

　高松市においては、コンパクトで持続可能な都市づくりを目指すにあたり、市役所が取り扱うサービスのほとんどが本庁組織に集約されている体制を見直し、市民により近いところで、幅広い行政サービスが提供できるよう、平成24年11月に策定した「地域行政組織再編計画基本構想」において、現状の「本庁―支所・出張所」の二層構造組織を再編し、「本庁―総合センター（仮称）―地区センター（仮称）」の三層構造への移行を目指すとしている。

　今後、総合センター（仮称）の開設に合わせ、地域における総合的な保健・福祉の相談窓口機能の充実や、子どもから高齢者まで一体的・専門的な対応による保健・福祉サービスの向上を図るため、既存の地域包括支援センター・保健センター出先機関を統廃合し、各地域の総合センター（仮称）に段階的に移転することとしている。

　地域包括ケアはおおむね30分で必要なサービスが提供される日常生活圏域が想定され、その範囲は概ね中学校区とされてきたところであるが、高松市においては、現時点でも市内の全ての中学校区に地域包括支援センターが設置されている訳ではない。そのため、統合を図った場合、中学校区を目安とする地域包括ケアシステムの単位の中に地域包括支援センターが含まれないケースがさらに増加することはさけられない。しかし一方で、全国の実態としては中学校区の数に地域包括支援センターにサテライトを含めた合計数が達したことはない。保健師等の専門職の増員が困難であるならば、ある程度集約をしつつ、他の職員との連携を図りながら、サービス水準の確保に努めなければならない地域も存在すると考えるべきである。高松市の取組はその実態に合わせた実現可能な仕組みの住民への提示を図るものである。

　そして、今後統合が行われるとすれば、他の行政機能のニーズを無視することはできない。地域包括支援センターはもともと、より多くの相談をこなすために、介護予防の相談などについて、可能な方には自ら出向いてもらうことが望ましいという性質を持つ施設で

第2章　事例で知るコンパクトシティづくりのポイント　～医療・福祉施設～

ある。そのような施設が他の行政機能と共に「比較的身近な地域に一定のまとまりを持った機能を確保するために必要な統合」を行わなければならなくなった場合、住民にどのようにアクセスしてもらうかに関わる立地は地域包括支援センターがより多くの住民にサービスを提供する上で非常に重要な要素となる。

現時点では、医療・介護・福祉等に係る各種相談窓口を同一の庁舎へ統合（複合化）した事例について、国の地域包括ケアに関する各種報告書などに掲載はされているものの、多くの事例の一つとされ、推奨している訳ではない、という扱いである。しかし、各自治体において、実現し、維持し続けることが可能な地域包括ケアシステム等を検討する上では、窓口の統合もしくはそれに替わる合理化は不可欠であり、後まわしにすることなく自治体のまちづくり部局と福祉部局の連携の下で取り組むべきである。

コンパクトシティは全ての自治体における解決策ではない。しかし、前述した国土交通省提供の「立地適正化計画策定の手引き」に示されているような都市構造に関する分析を

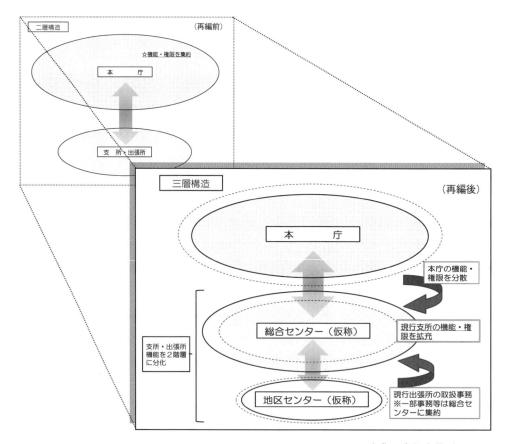

出典：高松市役所Webサイト

図2-13　高松市における地域行政組織再編のイメージ

医療・福祉施策と連携したまちづくり

実施することで、自治体の行政組織が人口減少に合わせて縮小していく中で、どのように行政組織の将来像を描くべきかのヒントが得られる場合も多いと考えられる。自己の分析と判断により地域包括ケアシステムの構築に取り組まなければならないことを、各自治体は認識し、立地適正化計画やコンパクトなまちづくりに取り組むか否かに関わらず最低限の自己分析の実施に取り組むべきである。

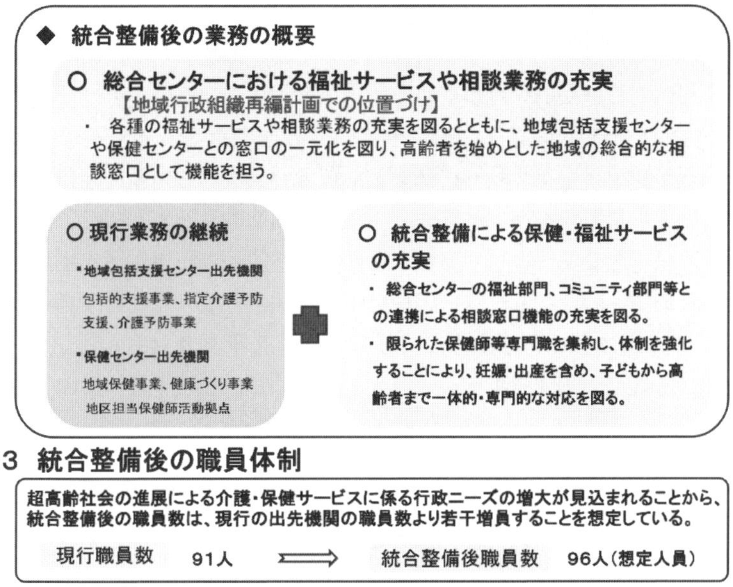

◆ 統合整備後の業務の概要

○ 総合センターにおける福祉サービスや相談業務の充実
【地域行政組織再編計画での位置づけ】
・各種の福祉サービスや相談業務の充実を図るとともに、地域包括支援センターや保健センターとの窓口の一元化を図り、高齢者を始めとした地域の総合的な相談窓口として機能を担う。

○ 現行業務の継続
・地域包括支援センター出先機関
　包括的支援事業、指定介護予防支援、介護予防事業
・保健センター出先機関
　地域保健事業、健康づくり事業
　地区担当保健師活動拠点

○ 統合整備による保健・福祉サービスの充実
・総合センターの福祉部門、コミュニティ部門等との連携による相談窓口機能の充実を図る。
・限られた保健師等専門職を集約し、体制を強化することにより、妊娠・出産を含め、子どもから高齢者まで一体的・専門的な対応を図る。

3 統合整備後の職員体制

超高齢社会の進展による介護・保健サービスに係る行政ニーズの増大が見込まれることから、統合整備後の職員数は、現行の出先機関の職員数より若干増員することを想定している。

現行職員数　91人　⇒　統合整備後職員数　96人（想定人員）

出典：高松市役所Webサイト

図2-14　統合整備後の業務の概要及び職員体制

## 参考 小規模多機能支援拠点の取組（南国市等）

　中山間地等において、地域住民の交流の場、支え合いの拠点を確保するための方策として、小規模多機能支援拠点の考え方が参考になる場合があると考えられるため、参考に掲載する。

　高知県は、子どもから高齢者まで、年齢や障害の有無にかかわらず、誰もが気軽に集い、必要なサービスを受けることができる拠点を整備し、地域ニーズの把握や課題に対応した小規模多機能支援拠点としての活動に加え、要配慮者の見守りや生活課題に対応した支え合い活動などを行う地域福祉活動を推進するため、あったかふれあいセンター事業を実施する市町村に対し、支援を行っている。

　事業については、既存の制度では対応することが困難な状況を解消するため、地域のニーズに応じたインフォーマルサービスや、地域の要支援者を早期に発見して見守り支援するネットワークの構築を推進するための相談・訪問活動や要支援者を早期に必要なサービスにつなぐ事業、センターとして支援が必要な人に対して直接生活支援サービスを提供するほか、地域の生活課題やニーズに応じた生活支援サービスの仕組みづくりやコーディネート、地域での支え合いの仕組みづくりなどを、市町村が社会福祉法人、民間企業、NPO法人等に委託して実施している。

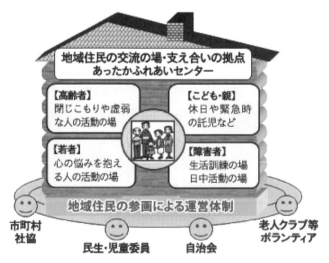

出典：高知県庁Webサイト

図2-15　あったかふれあいセンター

# 第3章

# 事例で知るコンパクトシティづくりのポイント
## ～子育て支援施設～

## 1 子育て支援施設とまちづくり

### (1) 子ども・子育て総合支援制度における小規模保育事業について

「子ども・子育て支援新制度」は、平成24年8月に成立した「子ども・子育て支援法」、「認定こども園法の一部改正」、「子ども・子育て支援法及び認定こども園法の一部改正法の施行に伴う関係法律の整備等に関する法律」(子ども・子育て関連3法) 基づく制度である。この新制度では、教育・保育施設を対象とする施設型給付・委託費に加え、市町村による認可事業（地域型保育事業）として、小規模保育事業等を児童福祉法に位置付けた上で、地域型保育給付の対象とし、多様な施設や事業の中から利用者が選択できる仕組みとしている。

まちづくり部局においては、新制度の中でも、施設の立地に直接影響する要素の強い制度として、小規模保育事業が新たに創設されたことを承知した上で、所属する自治体が、当該制度についてどのような姿勢をとっているかを把握しておくことが必要である。

小規模保育事業の制度として知っておくべきこととしては、0～2歳児を対象とする保育であり、保育室の必要面積等を満たせば園庭の無い既存のビル等に設置可能であること、保育内容の支援及び卒園後の受け皿の役割を担う連携施設の設定が求められていること等がある。なお、連携施設の設定については、平成31年度まで5年間の猶予が設定されているが、自治体によっては連携保育所の確保ができてからの申請としている場合があり、その点にも留意すべきである。

都市部では、認定こども園等を連携施設として、小規模保育等を増やすことによって待機児童の解消を図るとされている。一方で人口減少地域では、隣接自治体の認定こども園等と連携しながら、小規模保育等の拠点によって地域の子育て支援機能を維持・確保することが目指されている。

---

**参考　小規模保育事業の概要**

事業主体　市町村、民間事業者等
保育実施場所等　保育者の居宅、その他の場所、施設
認可定員　6～19

第3章　事例で知るコンパクトシティづくりのポイント ～子育て支援施設～

地域型保育給付

# 地域型保育事業の認可基準

地域型保育給付を受けるための認可基準を紹介します。
なお、「小規模保育事業」については、多様な事業からの移行を想定し、3類型の認可基準を設定しています。

**A型**：保育所分園、ミニ保育所に近い類型　**B型**：中間型　**C型**：家庭的保育（グループ型小規模保育）に近い類型

※ 特にB型については、様々な事業形態からの移行が円滑に行われるよう、保育士の割合を1/2以上としていますが、同時に小規模な事業であることに鑑み、保育所と同数の職員配置とせず、1名の追加配置を求めて質の確保を図ります。
※ また、保育士の配置比率の向上に伴い、きめ細かな公定価格の設定を検討することで、B型で開始した事業所が段階的にA型に移行するよう促し、更に質を高めていくこととしています。

| 事業類型 | | 職員数 | 職員資格 | 保育室等 | 給食 |
|---|---|---|---|---|---|
| 小規模保育事業 | A型 | 保育所 の配置基準＋1名 | 保育士*¹ | 0・1歳児：1人当たり3.3㎡　2歳児：1人当たり1.98㎡ | ●自園調理（連携施設等からの搬入可）●調理設備●調理員*³ |
| | B型 | 保育所 の配置基準＋1名 | 1/2以上が保育士*¹　※保育士以外には研修を実施します。 | | |
| | C型 | 0～2歳児　3:1（補助者を置く場合、5:2） | 家庭的保育者*² | 0～2歳児：1人当たり3.3㎡ | |
| 家庭的保育事業 | | 0～2歳児　3:1（家庭的保育補助者を置く場合、5:2） | 家庭的保育者*²（＋家庭的保育補助者） | 0～2歳児：1人当たり3.3㎡ | |
| 事業所内保育事業 | | **定員20名以上**…保育所 の基準と同様　**定員19名以下**…小規模保育事業A型、B型の基準と同様 | | | |
| 居宅訪問型保育事業 | | 0～2歳児　1:1 | 必要な研修を修了し、保育士、保育士と同等以上の知識及び経験を有すると市町村長が認める者 | — | — |

・小規模保育事業については、小規模かつ0～2歳児までの事業であることから、保育内容の支援及び卒園後の受け皿の役割を担う連携施設の設定を求めています。
・連携施設や保育従事者の確保等が困難な離島・へき地に関しては、連携施設等について、特例措置を設けています。
・給食、連携施設の確保に関しては、移行に当たっての経過措置を設けています。

出典：内閣府Webサイト

図3－1　地域型保育事業の認可基準

### (2) 保育所等の利便性に関する基本的な考え方

　保育サービス利用の基本は、職場に通勤する親が、自宅から職場までの経路上のどこかで出勤中に預け、職場からの帰宅中に引き取る形式である。その通勤手段が自家用車利用であれば、保育所が自宅の近くにあろうが、経路上にあろうが、職場内にあろうが、預けることと引き取ることに対する負担感はあまり変わらないことになる。しかし、自家用車による送迎を前提にした場合には、朝の出勤時に子供を預けるために送ってくる車両の集中などを招きがちであり、生活道路に面した土地への新設について地域住民が反対する理由の一つとなり得る。

　一方で、公共交通機関で通勤している場合には、できるだけ自宅の近く、あるいはバス停や鉄道駅までの経路上に保育所があることが望ましいことになる。

　また、病児保育については、医院・診療所が併設されているか、それ以外の場合には看護師の付き添いが必要となるため、原則として医療機関との連携が必須であることを念頭に置く必要がある。

　なお、保育所が保育事業そのものとは別に、市町村長の指定を受けた子育て支援センターとして、育児不安等についての相談指導、子育てサークル等の育成・支援、ベビーシッターなど地域の保育資源の情報提供等などを行う他、産前産後を通じた周産期の女性に向けての各種講習会会場等の機能を果たしている場合もある。

## 2　子育て支援施策と連携したまちづくり

### (1) 枚方市における立地を踏まえた保育所間の役割分担の設定

【枚方市における子育て支援施策との連携のポイント】

> 公共交通機関へのアクセスが良く、利用者の利便性の高い施設について増員、相談機能の増設等を実施。併せて、それ以外の施設も民営化によりコスト軽減を図りつつ地域へのサービス拠点として維持。

　枚方市においては、公共交通からのアクセスのよい公共保育所について、増員を図ったり、子育て相談機能を付加するなど拠点化を図る一方で、それ以外の公共保育所については、民営化により地域内で効率良く柔軟なサービスが提供されるように、立地を踏まえた対応を行っている。

　敷地に余裕が無い場合には難しいが、移転新築や統廃合を行うだけでなく、公共交通からのアクセスが良く、交通弱者も含めてより多くの住民にサービスを提供できる可能性のある施設を優先して機能充実を図ることも、都市の構造を踏まえた効率の良い公共投資を目指す取組として評価することができる。

第3章 事例で知るコンパクトシティづくりのポイント ～子育て支援施設～

### （3）公共交通
**○主要な公共交通**
- 基幹的公共交通による人口カバー率は約73%、基幹的公共交通沿線の人口密度は約78.0人/ha

**○アクセシビリティの評価**
- 最寄りの公共交通へのアクセシビリティにおいては、約15分以内の圏域に居住する人口が約28万人、総人口に対する比率（P指標）は約71%、約30分以内では約37万人で約93%と、比較的に多くの方が短時間で公共交通を利用できる状況
- 最寄りの鉄道駅へのアクセシビリティにおいては、約15分以内の圏域に居住する人口は約9万人、総人口に対する比率（P指標）は約23%、約30分以内では約29万人で約71%と、鉄道駅から離れるエリアでアクセシビリティが低下する状況

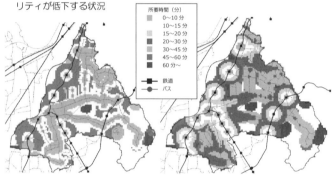

＜最寄りの公共交通へのアクセシビリティ＞　＜最寄りの鉄道駅へのアクセシビリティ＞

出典：枚方市Webサイト（立地適正化計画骨子）

**図3-2　枚方市における公共交通へのアクセシビリティ**

## （2）高槻市における小規模保育事業のまちなかへの立地促進

【高槻市における子育て支援施策との連携のポイント】

> 既存施設を活用した3歳以上の受入れ枠の確保を図り、0～2歳児の小規模保育事業のまちなかへの新たな立地を促進。

　高槻市は、市内の各生活圏等において、既存の認定こども園や幼稚園、保育所を強化し、小規模保育事業所の連携施設として、また3歳児以降の受入れ先としての確保を図った上で、小規模保育事業所整備を拠点的市街地で集中的に推進している。利便性の高い駅前等で共同住宅の改装などによる整備を行い、子育て世代の通勤動線に適応して満足度を高めつつ、保育施設による供給を補完している。

　なお、転入や育児休業明けなど年度途中の保育や、病児保育・休日保育など多様なニーズに対応するため、拠点的市街地に確保した用地において多機能をもつ定員200人規模の保育施設の整備も平行して行っている。

　小規模保育事業所の整備を促進する上で必要となる3歳児以降の受入れ先の確保について、計画的に取り組んでいる事例である。

出典：国土交通省Webサイト

図3−3　地域の特性・ニーズに即した子育て環境の整備（大阪府高槻市）

## （3）鳥取市における小規模保育事業のまちなかへの立地促進

【鳥取市における子育て支援施策との連携のポイント】

近接した位置に、小規模保育事業と子育て支援センター、コミュニティカフェを配置し、また母親層に向けたカルチャー教室などのソフトを提供することで、まちなかに子供連れで憩え、世代間交流のできる一角を確保。

中心市街地で運営されていた子供の一時預かりスペースから、小規模保育園への展開を中心市街地活性化の取組と連動。現在、一般社団法人である事業者が商店街の旧空き店舗で定員12名の小規模保育園を運営すると共に、向かいの既存ビル内では、0歳から一時預かりが可能な「すぺーすComodo」、同市認定の子育て支援センター「子育てひろば」を併設し、母親層に向けた「カルチャー教室」や「コミュニティカフェ」を運営している。

また、「子育てひろば」（鳥取市栄町）では600〜1,300円での利用が可能な半日預かりを平成29年3月末まで試験的に実施（ほか1施設）している。さらに子育て世代の観光客や市民が街を周遊しやすい環境を整え、中心市街地の活性化を図るため、市内3カ所でベビーカーの無料貸し出しも実施している（ほか2施設）。

第3章　事例で知るコンパクトシティづくりのポイント　〜子育て支援施設〜

出典：一般社団法人地域サポートネットワークとっとりWebサイト

図3－4　すぺーすComodoのコミュニティカフェ空間

出典：一般社団法人地域サポートネットワークとっとりWebサイト

図3－5　すぺーすComodoのコミュニティカフェ空間

子育て支援施策と連携したまちづくり

出典：鳥取市本通商店街振興組合Webサイト

図3-6　商店街振興組合の一員としての小規模保育園の紹介

## (4) 流山市における送迎保育ステーションの取組

【流山市における子育て支援施策との連携のポイント】

鉄道駅前に設置した送迎保育ステーションから各保育所への送迎を行うことで、住所地と保育所が離れている世帯、保育所の開所時間や通勤時間帯と合わない保護者等に対応。

　流山市においては、保育所への送迎の一部を自治体がバス運行により集約的に担うことで保護者の利便性を向上させており、またその拠点を鉄道駅前に設けている特徴がある。
　平成29年3月公表予定の立地適正化計画においても、市の施策として行う送迎保育ステーションを「流山おおたかの森駅周辺地区」及び「南流山席周辺地区」の二つの都市機能誘導区域における誘導施設として位置づける予定としている。

# 第3章 事例で知るコンパクトシティづくりのポイント ～子育て支援施設～

**参考** 地域の実情に合った総合的な福祉サービスの提供に向けたガイドライン

　福祉サービスの提供に当たっては、地域の支援ニーズの現状・将来的変動、人口の状況、まちづくりの方針等を踏まえ、それぞれの地域がその実情に合った体制を整えることが重要である。

　その推進に際して、厚生労働省では、専門性に則って高齢者介護、障害者福祉、子育て支援等の支援を行う方法の他に、複数分野の支援を総合的に提供する仕組みを推進していくこととしており、また、こうした取組を地域づくりの拠点としても機能させていくことが重要であるとしている。

　厚生労働省の「地域の実情にあった統合的な福祉サービスの提供に向けたガイドライン」は総合的なサービスの提供の阻害要因を解消し、全国で更に取組を推進することを目的として公表されている。高齢者介護、障害者福祉、子育て支援等の複数分野の支援を総合的に提供する場合の各福祉制度の人員配置基準、設備基準等に係る現行制度の規制等について、現行制度において運用上対応可能な事項を整理がなされたものであり、活用が期待される。

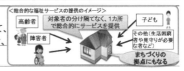

出典：厚生労働省Webサイト

図3－7　地域の実情に合った総合的な福祉サービスの提供に向けたガイドライン（概要）

# 第4章

# 参考資料

## ◯地域包括ケア及び子育て施策との連携によるコンパクトな まちづくりの推進について(技術的助言)

> 平成28年10月4日
> 府 子 本 6 4 7 号
> 医政地発1004第1号
> 雇児保発1004第1号
> 障 企 発 1004 第 1 号
> 老 高 発 1004 第 1 号
> 老 振 発 1004 第 1 号
> 国 都 計 第 9 6 号

　コンパクトシティの形成については、「まち・ひと・しごと創生総合戦略」(平成26年12月27日閣議決定)に基づき設置した関係府省庁による「コンパクトシティ形成支援チーム」において、地域づくりの現場における関係施策間の連携を支援する取組を進めているところであり、平成27年9月30日付けで国都計第92号等による「コンパクトシティと関係施策の連携の推進について」(別紙参照)を発出したところです。中でも、コンパクトシティの形成と地域包括ケアシステムの構築、子育て支援施策との連携の推進については、その重要性に鑑み、同チームの下に「医療・福祉・子育てワーキンググループ」を設置し、重点的な検討を行っているところです。

　コンパクトシティの形成と地域包括ケアシステムの構築、子育て支援施策の推進は、相互に影響し合う点が多くあります。
　地域包括ケアシステムとして、高齢者が住み慣れた地域で人生の最後まで自分らしい暮らしを続けることができる仕組みを構築するためには、医療や介護だけでなく、住まい、生活支援・介護予防など、高齢者の生活全般にわたる各種支援サービスの提供体制を総合的に考えていくことが必要です。また、これらのサービスが包括的に提供されるためには、関連施設の立地、高齢者の居住地や外出機会、地域コミュニティの状況等の観点を考慮することも重要です。そのため、コンパクトシティ施策に取り組む市町村においては、都市の将来像を明確にし、将来の高齢者の居住地や地域公共交通ネットワークの状況を考慮するなど、時間軸を意識して、コンパクトシティの形成を地域包括ケアシステムの構築と一体的に検討することが必要です。
　また、子育て支援施策の推進において、急速な少子化の進行、家庭や地域を取り巻く環境の変化に鑑み、一人ひとりの子どもが健やかに成長することができる環境を整備するため、家庭、学校、地域、職域その他の社会のあらゆる分野における全ての構成員が、各々の役割を果たすとともに、相互に協力することが求められています。また、子育て支援を効率的に提供し、良好な子育て環境を持続的に確保するためには、都市の将来像を考慮して、日常生活圏や拠点となる地域への子育て支援施設の適切な配置や、子育て世帯の誘導など、コンパクトシティの形成に関わる内容を子育て支援策と一体的に検討することが必要です。

　このため、都市再生特別措置法(平成14年法律第22号)に基づく立地適正化計画の作成をはじめとするコンパクトシティの形成、地域包括ケアシステムの構築及び子育て支援施策の推進に当たり、市町村の介

第4章　参考資料

護保険主管部局、障害保健福祉主管部局、子育て支援主管部局及び都市計画主管部局が連携を図る際に、留意すべき点を下記のとおり取りまとめました。

　都道府県部局におかれましては、貴管内市町村の介護保険主管部局、障害保健福祉主管部局、子育て支援主管部局及び都市計画主管部局に周知いただきますよう、よろしくお取り計らい願います。また、市町村の介護保険主管部局、障害保健福祉主管部局、子育て支援主管部局及び都市計画主管部局からコンパクトシティの形成の検討に関する助言や関係する会議への参加の求めがあった場合には、市町村において円滑な連携が行われるようご協力をお願いします。

記

1．地域包括ケアシステムの構築及び子育て支援施策の推進とコンパクトシティの形成の連携における留意点

（1）医療・介護サービス（障害福祉サービス等を含む。以下同じ。）の提供にあたっては、高齢者がサービスを利用しつつ可能な限り自立した日常生活を送れるよう、利用者の視点に立ったサービス提供に努めることが重要です。コンパクトシティ施策に取り組む市町村は、高齢者の居住地、地域公共交通ネットワーク等や、医療・介護サービスの提供体制について、将来の都市像を考慮し、適切な検討をお願いします。

（2）子育て支援に関する施設については、妊娠期から子育て期を通じ世帯の実情にあったきめ細かいサービスを提供することが必要です。そのため、コンパクトシティ施策に取り組む市町村がこれらの施設を整備するに当たっては、将来の都市像を考慮し、子育て世帯の居住地、勤務地、医療機関等の関連施設、地域公共交通ネットワークの状況等に応じ、適切な検討をお願いします。

2．多世代交流を促進する取組とコンパクトシティ施策の連携について

　地域包括ケアシステムの構築、子育て支援施策の推進及びコンパクトシティの形成のいずれも共通して、地域コミュニティの役割が重要となります。そして、人口減少の中で地域コミュニティを維持するためには多世代交流の観点が不可欠です。

　地域における多世代交流の観点からは、例えば、高齢者福祉、障害者福祉又は児童福祉サービスを提供する施設や事業所同士が近接することによりそれぞれの利用者が多世代交流の効用を享受できる環境を構築することも考えられます。このため、コンパクトシティ施策に取り組む市町村が多世代交流の促進を図るに際しては、高齢者福祉、障害者福祉又は児童福祉サービスを提供する施設や事業所のうち必要なものについて、各施設相互の近接性も総合的に考慮して立地の検討を行うことが望まれます。また、これら施設等が立地する地域にアクセス可能な地域公共交通ネットワークを適切に確保することや、地域内において円滑に移動できるよう歩行空間等を確保することについての検討をお願いします。多世代交流に取り組む介護保険主管部局、障害保健福祉主管部局、子育て支援主管部局におかれては、必要に応じ都市計画主管部局と適切な連携を図るようお願いします。

地域包括ケア及び子育て施策との連携によるコンパクトなまちづくりの推進について（技術的助言）

3．地域包括ケアシステムの構築、子育て支援施策の推進及びコンパクトシティの形成に関する会議の活用について

(1) 地域包括ケア及び子育て支援に関係する会議の活用

　各市町村においては地域の創意工夫を活かした地域包括ケアシステムの構築に向けて様々な調整の場が設置されているところです。また子育て支援分野では、児童福祉法（昭和22年法律第164号）第8条の規定に基づき設置される児童福祉審議会等があります。

　市町村の介護保険主管部局、障害保健福祉主管部局及び子育て支援主管部局におかれては、必要に応じて前記1に関する協議のため、これらの会議に都市計画主管部局の出席を求めるなどの対応も考えられます。

(2) 市町村都市再生協議会の活用

　都市再生特別措置法第117条第1項の規定に基づく市町村都市再生協議会及びその他市町村が行う立地適正化計画及びその実施に関する協議に際し、地域包括ケアシステムの構築及び子育て支援施策の推進とコンパクトシティの形成との一体的推進について協議する必要があると認められるときは、介護保険主管部局、障害保健福祉主管部局及び子育て支援主管部局の出席を求めるなど適切な対応をお願いします。

第4章　参考資料

## ○地域医療施策と都市計画施策の連携によるコンパクトな
　まちづくりの推進について（技術的助言）（市町村宛）

> 平成28年2月5日  
> 国都計第146号  
> 市町村都計画  
> 主管部局あて  
> 国土交通省都市  
> 局都市計画課長  
> 通　　　　知

　都市計画の分野においては、今後、地方都市では拡散した市街地で急激な人口減少が進み、大都市では後期高齢者の急増により深刻な課題となることが見込まれます。安心して健康に暮らせる快適な生活環境の実現や、財政面及び経済面において持続可能な都市経営を図るためには、都市のコンパクト化と公共交通網の再構築等のネットワーク形成を推進していくことが重要です。

　同時に、地域医療分野においては高齢化の進行や医療技術の進歩、国民の意識の変化など、医療を取り巻く環境が大きく変わる中、誰もが安心して医療を受けることができる環境の整備が求められています。地域の医療機能の適切な分化・連携を進め、効率的で質の高い医療提供体制を地域ごとに構築する必要があります。

　そして、コンパクトシティの形成と地域医療提供体制の構築は、相互に影響し合う点も多くあります。医療施設は、サービスを担うべき地域の範囲・人口を踏まえつつ、日常生活圏への医療施設の配置による医療サービスの向上に着目しながら整備の検討がなされます。一方、都市の将来像を踏まえ、医療施設の利用者が集まることなどに対してまちづくりとして適切に対応することが必要です。このような状況の下、医療施設の適切な立地に係る調整のために、相互に連携して取り組むことが必要不可欠です。政府としても、「まち・ひと・しごと創生総合戦略」（平成26年12月27日閣議決定）に基づき設置した関係府省庁による「コンパクトシティ形成支援チーム」において、地域づくりの現場における関係施策間の連携を支援する取組を進めているところです。

　そのため、地域医療施策との連携に関し、市町村の都市計画主管部局が、都市再生特別措置法（平成14年法律第22号）に基づく立地適正化計画の作成をはじめとするコンパクトシティ施策を推進するに当たって留意すべき点を下記のとおりとりまとめたので、参考としていただくようお願いします。

　なお、コンパクトシティの推進にあたっては、地域医療提供体制の確保を行っている都道府県と十分に協議を行うことが重要であることから、都道府県の地域医療主管部局及び都市計画主管部局に対しては、本件に関し別紙のとおり通知していることを申し添えます。

記

（地域医療主管部局との調整）
1　都道府県は、医療法（昭和23年法律第205号）第30条の4第1項の規定に基づき、地域の実情に応じて、医療計画を定めています。市町村の都市計画主管部局は、コンパクトシティ施策の推進に当たっては、医療施設の適切な立地について、この医療計画を念頭に、当該市町村の地域医療主管部局と連携し

地域医療施策と都市計画施策の連携によるコンパクトなまちづくりの推進について（市町村宛）

ながら、都道府県の都市計画主管部局の協力のもと、都道府県の地域医療主管部局と調整を図っていただくようお願いします。
　また、必要に応じて、都道府県の地域医療主管部局の協力のもと、他市町村の地域医療主管部局と調整することも考えられます。

（市町村都市再生協議会の活用）
2　市町村は、都市再生特別措置法（平成14年法律第22号）第117条第1項の規定に基づく市町村都市再生協議会が行う立地適正化計画及びその実施に関する協議に際し、医療施設の適切な立地について協議する必要があると認めるときは、都道府県及び関係市町村の地域医療主管部局に対して、市町村都市再生協議会への出席を求めるなど必要な協力を依頼いただくようお願いします。

（地域医療分野における会議の活用）
3　地域医療分野では、医療提供体制を構築するために都道府県ごとに設置される医療審議会（医療法第71条の2第1項）及び地域医療対策協議会（同法第30条の23第1項）並びに二次医療圏、構想区域等ごとに設置される圏域連携会議（平成24年3月30日医政発0330第28号厚生労働省医政局長通知別紙第四4(2)）、地域医療構想調整会議（同法第30条の14第1項）等の会議があります。市町村の都市計画部局は、医療施設の適切な立地の検討に際して必要がある場合は、都道府県や当該市町村の地域医療主管部局と連携し、これらの会議の活用を検討いただくようお願いします。

（その他の会議による連携）
4　市町村は、コンパクトシティ施策の推進に当たって、上述の市町村都市再生協議会や地域医療分野における会議とは別に協議の場を設ける場合、地域医療施策との連携を進めるため、必要に応じ、都道府県や当該市町村の地域医療主管部局に対して協力を依頼するなど、常に緊密な連携を図っていただくようお願いします。

第4章　参考資料

## ○地域医療施策と都市計画施策の連携によるコンパクトな
## 　まちづくりの推進について（技術的助言）（都道府県宛）

> 平成28年2月5日
> 医政地発0205第1号・
> 国都計第145号
> 都道府県地域
> 医療主管部局長・
> 都市計画主管部局長あて
> 厚生労働省医政局
> 地域医療計画課長・
> 国土交通省
> 都市局都市計画課長

　都市計画の分野においては、今後、地方都市では拡散した市街地で急激な人口減少が進み、大都市では後期高齢者の急増により深刻な課題となることが見込まれます。安心して健康に暮らせる快適な生活環境の実現や、財政面及び経済面において持続可能な都市経営を図るためには、都市のコンパクト化と公共交通網の再構築等のネットワーク形成を推進していくことが重要です。

　同時に、地域医療分野においては高齢化の進行や医療技術の進歩、国民の意識の変化など、医療を取り巻く環境が大きく変わる中、誰もが安心して医療を受けることができる環境の整備が求められています。地域の医療機能の適切な分化・連携を進め、効率的で質の高い医療提供体制を地域ごとに構築する必要があります。

　そして、コンパクトシティの形成と地域医療提供体制の構築は、相互に影響し合う点も多くあります。医療施設は、サービスを担うべき地域の範囲・人口を踏まえつつ、日常生活圏への医療施設の配置による医療サービスの向上に着目しながら整備の検討がなされます。一方、都市の将来像を踏まえ、医療施設の利用者が集まることなどに対してまちづくりとして適切に対応することが必要です。このような状況の下、医療施設の適切な立地に係る調整のために、相互に連携して取り組むことが必要不可欠です。政府としても、「まち・ひと・しごと創生総合戦略」（平成26年12月27日閣議決定）に基づき設置した関係府省庁による「コンパクトシティ形成支援チーム」において、地域づくりの現場における関係施策間の連携を支援する取組を進めているところです。

　ついては、貴管内の市町村によるコンパクトシティ施策の推進に当たって、地域医療施策との連携に関し、下記の点についてご協力いただきますよう、よろしくお取り計らい願います。

記

1　地域医療主管部局においては、医療計画との整合性に留意しつつ、コンパクトシティの形成に際し、医療施設の立地が重要となることに鑑み、必要に応じて、地域医療分野における会議の活用などにより、市町村の都市計画主管部局が医療関係者と医療施設の適切な立地について円滑に調整を進められるようにすること。

2　都市計画主管部局においては、市町村による都市再生特別措置法（平成14年法律第22号）に基づく

地域医療施策と都市計画施策の連携によるコンパクトなまちづくりの推進について（都道府県宛）

立地適正化計画の作成をはじめとするコンパクトシティ施策の推進に当たって、市町村の都市計画主管部局が、医療施設の適切な立地について都道府県の地域医療主管部局と円滑に調整を進められるようにすること。

第4章　参考資料

## ○高齢者向け住まい施策と連携したコンパクトなまちづくりの推進について（市町村宛）

> 平成28年3月29日
> 事　務　連　絡
> 市町村都市計画
> 担当部局・高齢者向け
> 住まい担当部局あて
> 国土交通省都市局都市計画課・
> 国　土　交　通　省
> 住宅局安心居住推進課

　平素より、コンパクトシティ施策の推進にご協力いただき、誠にありがとうございます。
　さて、標記に関しては、平成28年3月4日付国土交通省住宅局安心居住推進課事務連絡「サービス付き高齢者向け住宅整備事業に係る市区町村への意見聴取について」において、サービス付き高齢者向け住宅整備事業について市町村のまちづくりに即したものに支援を重点化するため、地元市町村への意見聴取を行うことを要件とすることとされ、当該市町村が意見を述べる観点として、地域における高齢者住宅の必要量の確保、公共交通機関へのアクセス等の立地、医療・介護サービスとの連携等が示されたところです。
　これらの観点はコンパクトシティ施策と密接に関係する内容であり、当該施策を効果的に推進するため、コンパクトシティの取組とサービス付き高齢者向け住宅の適切な供給促進に係る取組を、関係部局の連携の下、一体的に実施することが重要です。
　このため、立地適正化計画に基づく居住誘導施策とサービス付き高齢者向け住宅の適切な供給促進を一体的に推進する際に留意すべき点を、下記のとおり取りまとめました。つきましては、これに留意し、市町村の都市計画担当部局と市町村の高齢者向け住まい担当部局とが連携して関係施策の一体的な推進に努めていただきますよう、よろしくお取り計らい願います。

記

1．施策の一体的推進に当たり留意すべき点

(1) サービス付き高齢者向け住宅整備事業に係る意見聴取への対応体制の整備について

　都市再生特別措置法（平成14年法律第22号）に基づく立地適正化計画を作成し居住誘導区域を設定した市町村においては、当該居住誘導区域外にサービス付き高齢者向け住宅が整備される場合には、市町村の都市計画担当部局と高齢者向け住まい担当部局との間で十分に調整の上、立地の適正性の観点から意見を提出することが考えられます。
　このため、市町村の都市計画担当部局は、立地適正化計画の作成に取り組むに際して、高齢者向け住まい担当部局と連携してサービス付き高齢者向け住宅整備事業に係る意見聴取に適切に対応する体制の整備を進めていただくようお願いいたします。なお、体制の整備に当たっては、立地適正化計画の作成後、医

高齢者向け住まい施策と連携したコンパクトなまちづくりの推進について（市町村宛）

療・介護施設等に係る都市機能誘導、居住誘導等の状況とサービス付き高齢者向け住宅の供給等の状況が市町村の都市計画担当部局と高齢者向け住まい担当部局の間で十分に共有される体制となるようにご留意願います。

(2) 居住誘導区域への誘導の対象とすべき施設の精査について

　建築基準法上の用途が住宅に該当しないサービス付き高齢者向け住宅については、都市再生特別措置法第88条第1項に規定する市町村の条例で定めていない場合、立地適正化計画を作成し居住誘導区域を設定していても、同条第2項の規定に基づく建築等の届出の対象外となります。
　このため、市町村の都市計画担当部局は、立地適正化計画の作成に際しては、サービス付き高齢者向け住宅のうち建築基準法上の用途が住宅に該当しないものを市町村の条例に定めることについて、高齢者向け住まい担当部局と十分な連携の上で検討いただくようお願いします。

２．その他配慮すべき点

(1) 地域における高齢者住宅の必要量の推計等と都市の居住の実態に係る分析等の整合について

　市町村の都市計画担当部局が都市再生特別措置法に基づく立地適正化計画の作成のために都市の居住の実態に係る分析、居住誘導施策の検討等を行う際には、高齢者向け住まい担当部局とも連携し、その内容が地域におけるサービス付き高齢者向け住宅の必要量の推計、供給方針の検討等と整合したものとなるように、十分な調整を行うことが必要です。

(2) 都道府県の都市計画担当部局及び高齢者向け住まい担当部局との連携について

　市町村は、上記の連携を円滑に進めるために必要な場合には、都道府県の都市計画担当部局及び高齢者向け住まい担当部局に、都市再生特別措置法第117条第1項に規定する市町村都市再生協議会への出席を求めるなど必要な協力を依頼するようお願いします。

以上

第4章　参考資料

# ○高齢者向け住まい施策と連携したコンパクトなまちづくりの推進について（都道府県宛）

> 平成28年3月29日
> 事　　務　　連　　絡
> 都道府県都市計画担当部局・
> 高齢者向け住まい担当部局あて
> 国土交通省都市局都市計画課・
> 国　土　交　通　省
> 住宅局安心居住推進課

　平素より、コンパクトシティ施策の推進にご協力いただき、誠にありがとうございます。
　さて、標記に関しては、平成28年3月4日付国土交通省住宅局安心居住推進課事務連絡「サービス付き高齢者向け住宅整備事業に係る市区町村への意見聴取について」において、サービス付き高齢者向け住宅整備事業について市町村のまちづくりに即したものに支援を重点化するため、地元市町村への意見聴取を行うことを要件とすることとされ、当該市町村が意見を述べる観点として、地域における高齢者住宅の必要量の確保、公共交通機関へのアクセス等の立地、医療・介護サービスとの連携等が示されたところです。
　これらの観点はコンパクトシティ施策と密接に関係する内容であり、当該施策を効果的に推進するため、コンパクトシティの取組とサービス付き高齢者向け住宅の適切な供給促進に係る取組を、関係部局の連携の下、一体的に実施することが重要です。
　つきましては、都道府県の都市計画担当部局と高齢者向け住まい担当部局との連携の下、貴管内の市町村において都市再生特別措置法（平成14年法律第22号）に基づく立地適正化計画の作成をはじめとするコンパクトシティ施策の推進と、サービス付き高齢者向け住宅整備事業に係る市町村の意見聴取制度等の運用との整合が確保されるよう、特段のご配慮をお願いいたします。
　また、市町村から、都市計画担当部局と高齢者向け住まい担当部局との円滑な連携のため、都道府県の各部局へ必要な協力の依頼があった場合には、適切に対応していただくようお願いいたします。

# ○健康・医療・福祉のまちづくりの推進ガイドライン（技術的助言）

平成26年8月
国土交通省都市局
まちづくり推進課
都市計画課
街路交通施設課

目次

1　はじめに

2　更なる超高齢化を迎える都市政策の課題
　(1)　高齢者等が安心して暮らすことが困難となる社会
　(2)　更に低下する地域の活力
　(3)　厳しさを増す都市経営
　(4)　健康・医療・福祉施策との施策連携の不足

3　健康・医療・福祉政策における取組
　(1)　地域における医療・介護体制の見直し
　(2)　医療費適正化の推進
　(3)　「健康日本21（第二次）」を中心とした健康づくりの推進

4　「健康・医療・福祉のまちづくり」の推進
　(1)　推進体制について
　(2)　「現状」・「将来」の把握及び地域課題の「見える化」
　(3)　「健康・医療・福祉のまちづくり」に必要な5つの取組
　　①　住民の健康意識を高め、運動習慣を身につける。
　　②　コミュニティ活動への参加を高め、地域を支えるコミュニティ活動の活性化を図る。
　　③　日常生活圏域・徒歩圏域に都市機能を計画的に確保する。
　　④　街歩きを促す歩行空間を形成する。
　　⑤　公共交通の利用環境を高める。
　(4)　5つの取組の留意事項
　(5)　「診断」の実施
　(6)　多世代交流等を促すためのパッケージによる取組

5　取組効果のチェックと取組内容の改善

# 第4章　参考資料

## 1　はじめに

　我が国は2005年を境に人口減少時代に突入しており、未だ世界のどの国も経験したことのない超高齢社会が到来する。2055年には、人口が現在の約3割（約3.6千万人）減少し、65歳以上の高齢者が総人口の約4割を占めると予測されている。

　超高齢社会の到来に対応するため、多くの高齢者が地域において活動的に暮らせるとともに、助けが必要な高齢者に対しては、「地域包括ケアシステム」の構築とまちづくりとの連携等により、地域全体で生活を支えることができる社会の構築が必要である。

　このような社会を実現するためには、市民のライフスタイル、都市の姿という「暮らし方」を大きく変えていくことが必要である。

　例えば、日々の暮らしにおいて、「街を歩く」という基本的な活動に着目すると、車利用の増加に伴って、全世代にわたって、市民の歩行量は大きく減少している。

　「街を歩く」ことは、生活習慣病対策などの発症予防や、健康増進、疾病発症後の機能回復効果等だけでなく、とりわけ高齢者の介護予防や認知症の予防に有効であるとされている。

　更に、市民が「街を歩く」ことによって生まれる様々な交流の機会は、コミュニティ活動を促進し、地域活力の向上につながり、街を歩く市民がさらに増えるという好循環をもたらすことが期待される。

　また、「コミュニティ活動」という観点に着目すると、社会の変化に伴い、人々のコミュニティへの帰属意識やコミュニティ活動への参加意識等は大きく低下しており、コミュニティによる地域を支える活動も低下している状況にある。このような状況が、孤立死や地域の防犯力の脆弱化などの要因になっているという指摘もある。

　地域の様々な課題を発見し、見守りによる孤立死防止などの課題解決にコミュニティの力を活かしていくことが求められている。

　更に、高齢者の価値観は多様化しており、退職後もなお、活発に活動し第二の人生を積極的に楽しみたいと考えている中高年齢層が増えている。

　定年後の世代が、長年培ってきた技能や豊富な経験を活かして、地域を支えるコミュニティ活動に参加することは、地域の活性化につながるだけでなく、健康長寿の延伸を実現するなどのメリットが大きい。

　このようなコミュニティ活動は、誰もが、時には支え、時には支えられる互助の関係を築くものであり、安心して暮らし、地域の中で老いることのできるまちづくりでもある。

　「街を歩く」ことや「コミュニティ活動」から生まれる多面的な効果を踏まえ、多くの市民がより自立的に、また、必要な場合には地域の支援を得て、より活動的に暮らせるまちづくり、「健康・医療・福祉のまちづくり」に取り組んでいくことが必要である。

　そのためには、公共交通のネットワークや歩いて移動できる範囲のなかに暮らしに必要な機能が集積されており、また、コミュニティ活動にも適したコンパクトな都市構造への転換に取り組むことが必要である。

　この都市構造への転換は、地域における医療機関の連携体制の構築や、地域包括ケアシステムの構築、地域における見守りや支え合いの力を高めることにも資するものであり、住み慣れた地域での高齢者の暮らしの安心感を高めることにも繋がるものとなる。また、このような地域で助け合う社会の構築により、子育て世代や、障がいのある人、介護が必要となった高齢者等、多くの世代が安心して暮らすことが可能

となる。

　言うまでもなく、都市構造の転換や、市民の「暮らし方」を変えていくためには時間を必要とする。団塊の世代が75歳以上となる2025年は、地域包括ケアシステムの実現の目標年次であり、これと平行して「健康・医療・福祉のまちづくり」を進めることが必要である。

　このため、今般施行された都市再生特別措置法（平成26年改正）における立地適正化計画制度（注）などの活用も図りながら、急速に進む超高齢社会への対応として、「健康・医療・福祉のまちづくり」に速やかに着手し、スピード感を持って取り組むことが、強く求められている。

　　　　　　　　　（注）都市再生特別措置法（平成26年改正）の運用に関しては、別途発出されている「都市計画運用指針（平成26年8月1日付け国土交通省都市局通知）」を参照頂きたい。

# 第4章 参考資料

## 2 更なる超高齢化を迎える都市政策の課題

(1) 高齢者等が安心して暮らすことが困難となる社会

　2055年には、人口が現在の約3割減少し、また、65歳以上の高齢者の人口は約3,600万人となり、総人口の約4割を超える見通しとなっている。

　自動車利用を前提とした都市の拡大に伴って、生活施設の郊外立地や中心市街地の衰退等が進んでおり、車の安全な運転に不安を感じる高齢者や自由に車を利用できない高齢者等にとっては、買い物や通院等の日常生活への影響が深刻となる。

　近所付き合いの低下や地域コミュニティの希薄化等に伴って、見守りのネットワークからこぼれ落ちる高齢者等も存在し、一人暮らしの高齢者等を地域で支え合うことが一層困難になる。

　高齢者の増加速度が早く、高齢者を受け入れる介護施設や入院施設等をその増加に合わせて設置することは困難となっている。特に、大都市部において、高齢者の増加傾向が顕著になっている。

　アンケートにおいて、自宅で療養して、必要になれば医療機関等を利用したいと回答している者の割合を合わせると、60％以上の国民が「自宅で療養したい」、また、要介護状態になっても自宅や子供・親族の家での介護を希望する人が4割を超えている。

　今後、超高齢社会の中心となる、中高年世代の運動習慣者が特に少ない。このままの状態で高齢化してしまうと、自立的な行動に早期から限界が生じる高齢者等が急増するおそれがある。

　これらにより、今後急増する高齢者等が、安心して暮らすことが困難な社会となることが懸念される。

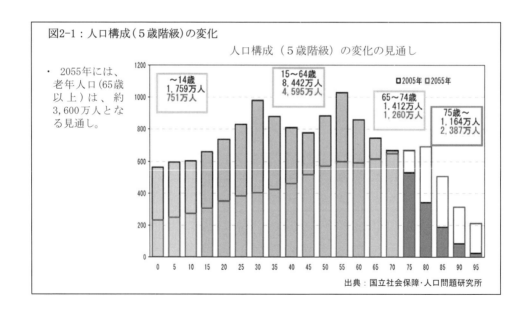

健康・医療・福祉のまちづくりの推進ガイドライン（技術的助言）

図2-2：高齢者人口の推移

- 全国では2025年までの15年間で、65歳以上の人口が約709万人増加する見通し。
- さらに75歳以上の人口は同じ15年間で約760万人増加する見通し。
- 増加数、増加率の多い都市は三大都市圏となっている。

高齢者（65歳以上）人口の推移

|  | 2010年時点の高齢者人口（万人） | 2025年時点の高齢者人口（万人） | 増加数（万人） | 増加率 | 順位 |
| --- | --- | --- | --- | --- | --- |
| 東京都 | 267.9 | 332.2 | 64.3 | +24% | 1 |
| 神奈川県 | 183.0 | 244.8 | 61.8 | +34% | 2 |
| 埼玉県 | 147.0 | 198.2 | 51.2 | +35% | 3 |
| 大阪府 | 198.5 | 245.7 | 47.2 | +24% | 4 |
| 千葉県 | 133.9 | 179.8 | 45.8 | +34% | 5 |
| 愛知県 | 150.6 | 194.3 | 43.7 | +29% | 6 |
| 秋田県 | 32.1 | 35.3 | 3.2 | +10% | 43 |
| 和歌山県 | 27.4 | 30.3 | 2.9 | +10% | 44 |
| 鳥取県 | 15.5 | 17.9 | 2.4 | +15% | 45 |
| 高知県 | 22.0 | 24.2 | 2.1 | +10% | 46 |
| 島根県 | 20.9 | 22.6 | 1.8 | +8% | 47 |
| 全国 | 2,948.4 | 3,657.3 | 709.0 | +24% |  |

高齢者（75歳以上）人口の推移

|  | 2010年時点の高齢者人口（万人） | 2025年時点の高齢者人口（万人） | 増加数（万人） | 増加率 | 順位 |
| --- | --- | --- | --- | --- | --- |
| 東京都 | 123.4 | 197.7 | 74.3 | +60% | 1 |
| 神奈川県 | 79.4 | 148.5 | 69.2 | +87% | 2 |
| 大阪府 | 84.3 | 152.8 | 68.5 | +81% | 3 |
| 埼玉県 | 58.9 | 117.7 | 58.8 | +100% | 4 |
| 千葉県 | 56.3 | 108.2 | 52.0 | +92% | 5 |
| 愛知県 | 66.0 | 116.6 | 50.6 | +77% | 6 |
| 佐賀県 | 11.4 | 14.3 | 2.9 | +26% | 43 |
| 高知県 | 12.2 | 14.9 | 2.7 | +22% | 44 |
| 山形県 | 18.1 | 20.7 | 2.6 | +14% | 45 |
| 鳥取県 | 8.6 | 10.5 | 1.9 | +22% | 46 |
| 島根県 | 11.9 | 13.7 | 1.8 | +15% | 47 |
| 全国 | 1,419.4 | 2,178.6 | 759.2 | +53% |  |

出典：「都市部の高齢化対策に関する検討会報告書　参考資料」（厚生労働省）

図2-3：生鮮食料品店へのアクセス困難住宅の割合の推移

- 徒歩圏内に生鮮食料品店が存在しない高齢者単独世帯は、約2．5倍に増加する見込み。

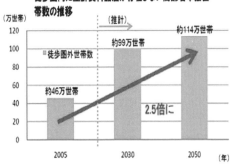

※生鮮食料品店から1km離れた位置にある高齢者単独世帯数　出典：内閣官房国家戦略室平成23年7月

第4章　参考資料

図2-4：一人暮らし高齢者の増加

・高齢者人口の増加にともない、一人暮らし高齢者数も男女ともに増加。

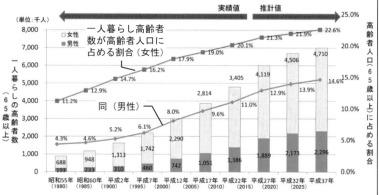

出典：「都市部の高齢化対策に関する検討会報告書」平成25年　厚生労働省

図2-5：近所付き合いの程度の推移

・近所とのつきあいの程度や頻度は希薄化しており、2000年から2007年の間に「行き来している」の回答者割合は54.6％から41.6％と減少している。

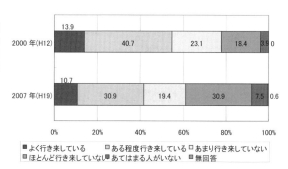

資料：内閣府　国民生活白書

図2-6：終末期の療養場所に関する希望

・自分が治る見込みがなく死期が迫っていると告げられた場合の療養の場所について、必要になれば医療機関等を利用することを併せると、60％以上の国民が「自宅で療養したい」と回答。

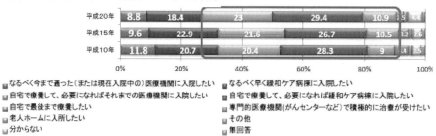

出典：「終末期医療に関する調査」（平成24年度）厚生労働省

健康・医療・福祉のまちづくりの推進ガイドライン（技術的助言）

図2-7：要介護状態の療養場所に関する希望

- 要介護状態なった際の療養場所として、自宅や子供・親族の家での介護を希望する人は平成19年度調査では40％以上、平成24年度調査でも約35％。

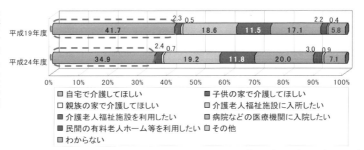

出典：「高齢者の健康に関する意識調査」（平成19年度、平成24年度）内閣府

図2-8：歩行数の変化

- 歩行数の平均値は、12年間で全体的に減少。特に高齢者の歩行数が減少している。
- 年齢別では、40歳以降が大きく減少している。

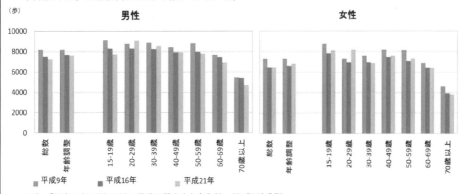

出典：「健康日本21（第２次）の推進に関する参考資料」（平成24年7月）
厚生科学審議会地域保健健康増進栄養部会・次期国民健康づくり運動プラン策定専門委員会

図2-9：運動習慣者の割合

- 継続的に運動をしている者は約３割であり、運動の習慣のない者は約７割
- 特に中高年では、運動習慣のないものは約８割

※運動習慣者：「１回30分以上の運動を週２日以上実施し、１年以上継続している者」
出典：「平成24年　国民健康・栄養調査」厚生労働省

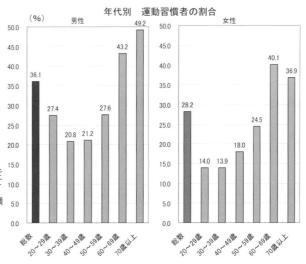

73

第4章　参考資料

(2) 更に低下する地域の活力

地域における高齢者の人口割合が高まるなか、高齢者等の外出機会や雇用を含めた社会参加の場等が減少した場合には、地域内の交流や地域活動の停滞に繋がり、地域活力が低下する。

特に、大都市近郊においては、退職後に会社中心の生活から、居住地周辺中心での生活へ移行する高齢者が多くなることが予想されている。これらの高齢者は、地縁によるコミュニティの関係が薄く、退職後に地縁・社縁を含めた生きがいを失ったままで高齢化し、孤立化リスクが高いと考えられる。

地域活力の低下は、地域における高齢者等の自立的な活動を一層低下させ、負のスパイラルとして、地域活力の更なる低下を生じさせることが懸念される。

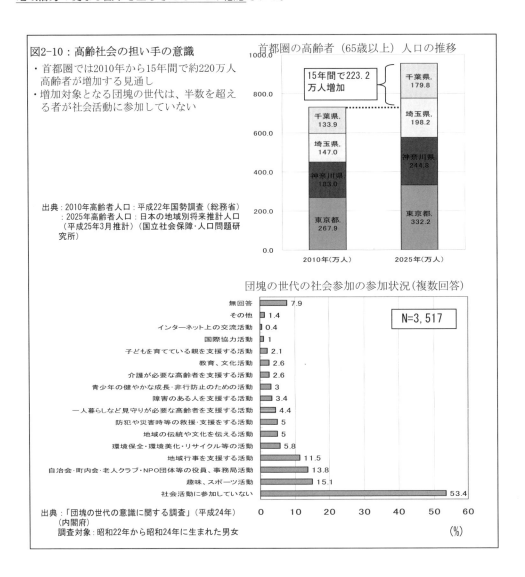

図2-10：高齢社会の担い手の意識
・首都圏では2010年から15年間で約220万人高齢者が増加する見通し
・増加対象となる団塊の世代は、半数を超える者が社会活動に参加していない

出典：2010年高齢者人口：平成22年国勢調査（総務省）
　　　2025年高齢者人口：日本の地域別将来推計人口（平成25年3月推計）（国立社会保障・人口問題研究所）

出典：「団塊の世代の意識に関する調査」（平成24年）（内閣府）
調査対象：昭和22年から昭和24年に生まれた男女

健康・医療・福祉のまちづくりの推進ガイドライン（技術的助言）

(3) 厳しさを増す都市経営

　高齢者人口も増加にともない、社会保障給付費等の増加は一層大きくなることが予測される。

　これまでに整備されてきた公共施設、公益施設等については、人口減少により、相対的な利用効率が下がるなか、住民1人当たりの維持管理費用等の負担は大きくなる。

　地域活力の低下等により必要な税収の減少も招くおそれがあり、都市経営は更に厳しい状況となることが予測される。

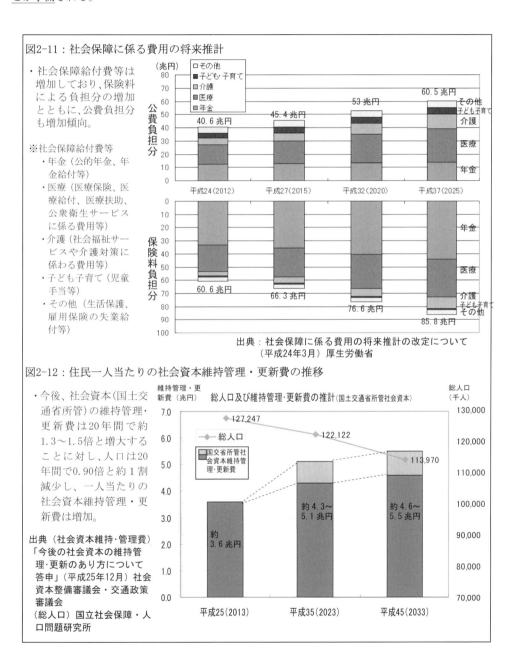

第4章　参考資料

(4) 健康・医療・福祉施策との施策連携の不足

全体の8割以上の地方公共団体において、都市施策と健康・医療・福祉施策との連携の必要性を認識しているものの、都市部局と健康・医療・福祉部局とが共同して策定した計画は、全計画の1割程度にとどまっており、施策連携が不足している。

健康・医療・福祉部局においては、都市部局と政策連携して取り組むことが望ましい施策として、「ノーマライゼーションのまちづくり」、「公共交通の充実・強化」、「医療系施設や福祉系施設の計画的な配置」、「コミュニティ活動や住民参加の推進」が多い。

図2-13：政策連携の必要性

・全体の8割以上の地方公共団体において、都市施策と健康・医療・福祉施策との連携の必要性を認識しているものの、都市部局と健康・医療・福祉部局とが共同して策定した計画は、全計画の1割程度にとどまっている。

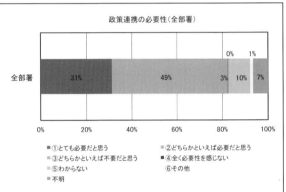

出典：平成23年度　国土交通省まちづくり推進課　全国自治体アンケート

図2-14：これまでに都市部署が他部署と共同で策定した計画の数

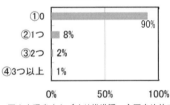

出典：平成23年度　国土交通省まちづくり推進課　全国自治体アンケート

図2-15：政策連携して取り組むことが望ましい施策

・健康・医療・福祉部局においては、都市部局と政策連携して取り組むことが望ましい施策として、「ノーマライゼーションのまちづくり」、「公共交通の充実・強化」、「医療系施設や福祉系施設の計画的な配置」、「コミュニティ活動や市民参加の推進」が多い。

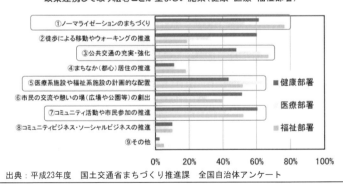

出典：平成23年度　国土交通省まちづくり推進課　全国自治体アンケート

## 3　健康・医療・福祉政策における取組

　超高齢社会への対応等として、健康、医療、福祉政策においては、現在、下記の取組が進められている。これらの取組に対する知見を高め、動向等を注視しながら、都市政策に取り組むことが必要である。

(1)　地域における医療・介護体制の見直し

　　高齢化に伴い、在宅医療を必要とする者は2025年には29万人と推計され、約12万人増えることが見込まれている。急性期治療を終えた慢性期・回復期患者の受け皿として、終末期ケアも含む生活の質を重視した医療としての在宅医療のニーズは高まっている。

　　このような流れを受けて、病院・病床機能の役割分担を通じてより効果的・効率的な提供体制を構築するため、「高度急性期」、「急性期」、「回復期」など、ニーズに合わせた機能分化・集約化と連携強化を図り、併せて、地域の実情に応じて幅広い医療を担う機能も含めて、新たな体制を段階的に構築する。さらに、医療機能の分化・強化と効率化の推進によって、高齢化に伴い増大するニーズに対応しつつ、概ね現行の病床数レベルの下でより高機能の体制構築を目指している。そのため、医療の必要性に応じた機能分担を推進するとともに、必要な医療・介護・住まいが切れ目なく提供できるよう、利用者の実態に即したサービスを充実させることが重要となってくる。

　　また、人生の中で出来る限り介護状態で過ごす時間を減らすために、介護予防の推進を進めている。その際には、多様なマンパワーや地域資源の活用等により、地域の創意工夫を活かした取組が必要となっている。

　　さらに、団塊の世代が75歳以上になる2025年を目途に、重度な要介護状態となっても、住み慣れた地域で自分らしい暮らしを人生の最後まで続けることができるように、住まい・医療・介護・予防・生活支援が一体的に提供される「地域包括ケアシステム」の実現を進めている。

　　これは、おおむね30分以内に必要なサービスが提供される日常生活圏域（具体的には中学校区）を単位としており、地域の特性に応じ、自助を基本としながら互助・共助・公助の役割分担による「地域包括ケアシステム」の構築を目指している。

# 第4章 参考資料

## 図3-1：医療・介護の必要者数推計

- 平成37年(2025)において、在宅医療は29万人分、介護施設は133万人分必要と推計されている。

| | | 平成24(2012)年度 | 平成37(2025)年度 |
|---|---|---|---|
| 【医療】 | 病床数、平均在院日数 | 109万床、19～20日程度 | 【高度急性期】 22万床 15～16日程度<br>【一般急性期】 46万床 9日程度<br>【亜急性期等】 35万床 60日程度 |
| | 医師数 | 29万人 | 32～33万人 |
| | 看護職員数 | 145万 | 196～206万人 |
| | 在宅医療等（1日あたり） | 17万人分 | 29万人分 |
| 【介護】 | 利用者数 | 452万人 | 657万人（1.5倍）<br>・介護予防・重度化予防により全体として3%減<br>・入院の減少（介護への移行）：14万人増 |
| | 在宅介護<br>うち小規模多機能<br>うち定期巡回・随時対応型サービス | 320万人分<br>5万人分<br>ー | 463万人分（1.4倍）<br>40万人分（7.6倍）<br>15万人分（ー） |
| | 居住系サービス<br>特定施設<br>グループホーム | 33万人分<br>16万人分<br>17万人分 | 62万人分（1.9倍）<br>24万人分（1.5倍）<br>37万人分（2.2倍） |
| | 介護施設<br>特養<br>老健（＋介護療養） | 98万人分<br>52万人分（うちユニット13万人（26%））<br>47万人分（うちユニット2万人（4%）） | 133万人分（1.4倍）<br>73万人分（1.4倍）（うちユニット51万人分（70%））<br>60万人分（1.3倍）（うちユニット30万人分（50%）） |
| | 介護職員 | 149万人 | 237万人から249万人 |
| | 訪問看護（1日あたり） | 31万人分 | 51万人分 |

出典：「在宅医療・介護の推進について」（平成24年）厚生労働省 在宅医療・介護推進プロジェクトチーム

## 図3-2：在宅医療・介護の推進

- 地域の実情に応じて幅広い医療を担う機能も含めて、新たな体制を段階的に構築し、医療機能の分化・強化と効率化の推進によって、高齢化に伴い増大するニーズに対応しつつ、概ね現行の病床数レベルの下でより高機能の体制構築を目指す。

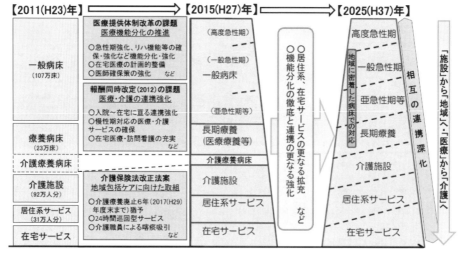

出典：「在宅医療・介護あんしん2012」（平成24年）厚生労働省

健康・医療・福祉のまちづくりの推進ガイドライン（技術的助言）

図3-3：地域包括ケアシステムの構築について

- 団塊の世代が７５歳以上となる２０２５年を目途に、重度な要介護状態となっても住み慣れた地域で自分らしい暮らしを人生の最後まで続けることができるよう、医療・介護・予防・住まい・生活支援が一体的に提供される地域包括ケアシステムの構築を実現。
- 今後、認知症高齢者の増加が見込まれることから、認知症高齢者の地域での生活を支えるためにも、地域包括ケアシステムの構築が重要。
- 人口が横ばいで７５歳以上人口が急増する大都市部、７５歳以上人口の増加は緩やかだが人口は減少する町村部等、高齢化の進展状況には大きな地域差。
- 地域包括ケアシステムは、保険者である市町村や都道府県が、地域の自主性や主体性に基づき、地域の特性に応じて作り上げていくことが必要。

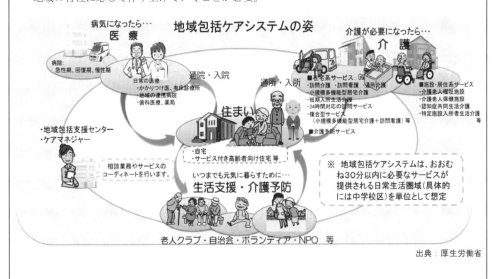

出典：厚生労働省

(2) 医療費適正化の推進

高齢者の医療の確保に関する法律に基づき、都道府県では、医療費適正化計画において、医療費適正化を推進することにより、計画期間における医療に要する費用の見通しに関する事項等を記載することとされている。

「医療費適正化に関する施策についての基本的な方針（平成24年９月厚生労働省告示）」では、医療費の急増を抑えていくために重要な政策として、第一に、若い時からの生活習慣病の予防対策をあげている。また、後期高齢者の入院医療費は、平均在院日数と高い相関があることから、入院期間の短縮対策をあげている。

生活習慣病の予防対策としては、特定健診・保健指導を推進することにより、平成20年度と比べた、平成29年度のメタボリックシンドロームの該当者及び予備群の減少率の目標を25％以上とすることとしており、メタボリックシンドローム該当者は非該当者より年間医療費が一人当たり約９万円高い傾向にあることを示している。

また、平均在院日数の縮減に関して、平成24年の全国平均は29.7日となっており、都道府県間のばらつきはあるものの、全国平均では短縮傾向にある。

第4章　参考資料

図3-4：医療費適正化に関する施策についての基本的な方針

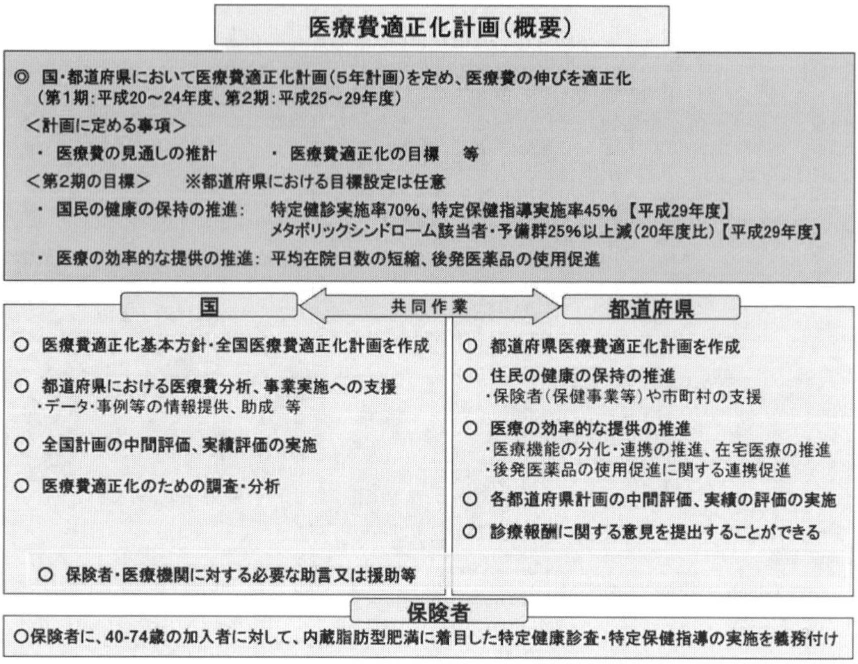

### 医療費適正化計画（概要）

◎ 国・都道府県において医療費適正化計画（5年計画）を定め、医療費の伸びを適正化
（第1期：平成20～24年度、第2期：平成25～29年度）

＜計画に定める事項＞
- 医療費の見通しの推計　　・医療費適正化の目標　等

＜第2期の目標＞　※都道府県における目標設定は任意
- 国民の健康の保持の推進：　特定健診実施率70％、特定保健指導実施率45％【平成29年度】
  メタボリックシンドローム該当者・予備群25％以上減（20年度比）【平成29年度】
- 医療の効率的な提供の推進：平均在院日数の短縮、後発医薬品の使用促進

国　←共同作業→　都道府県

**国**
- 医療費適正化基本方針・全国医療費適正化計画を作成
- 都道府県における医療費分析、事業実施への支援
  ・データ・事例等の情報提供、助成　等
- 全国計画の中間評価、実績評価の実施
- 医療費適正化のための調査・分析
- 保険者・医療機関に対する必要な助言又は援助等

**都道府県**
- 都道府県医療費適正化計画を作成
- 住民の健康の保持の推進
  ・保険者（保健事業等）や市町村の支援
- 医療の効率的な提供の推進
  ・医療機能の分化・連携の推進、在宅医療の推進
  ・後発医薬品の使用促進に関する連携促進
- 各都道府県計画の中間評価、実績の評価の実施
- 診療報酬に関する意見を提出することができる

**保険者**
○保険者に、40-74歳の加入者に対して、内臓脂肪型肥満に着目した特定健康診査・特定保健指導の実施を義務付け

出典：「第二期医療費適正化計画」（平成24年）厚生労働省

図3-5：メタボリックシンドローム該当者と非該当者
　の平均医療費の差額

・「メタボリックシンドローム（内臓脂肪症候群）」と判定された人の医療費がその他の人に比べ、男性では平均で年約9万円高くなっている。（女性では9万円以上、年齢が低いほど差額が大きい）

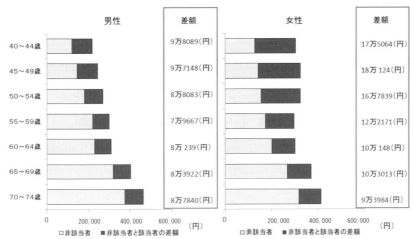

出典：「保険者による健診・保健指導等に関する検討会（第7回）」（平成24年2月）厚生労働省

図3-6：都道府県別平均在院日数

・平成25年の平均在院日数は、全国平均で31.8日、最短県は東京都の24.9日、最長県は高知県の45.9日であり、全体的に縮小傾向にある。
・全国平均の日数と最短県の日数、および最長県の日数の差は、ほとんど縮小しておらず、都道府県間のばらつきが大きい。

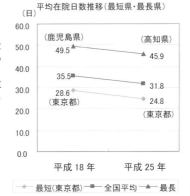

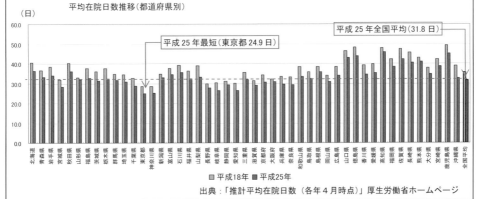

出典：「推計平均在院日数（各年4月時点）」厚生労働省ホームページ

第4章　参考資料

(3)「健康日本21（第二次）」を中心とした健康づくりの推進

平成25年度から始まった健康日本21（第二次）においては、身体活動（生活活動・運動）に関する、10年間を目途とした目標項目として、「日常生活における歩数の増加（1日当たりの歩数を約1,200～1,500歩の増加）」、「運動習慣者の割合の増加（約10％増加）」、「住民が運動しやすいまちづくり・環境整備に取り組む自治体数の増加（47都道府県とする）」の3点が設定されている。

また、身体活動・運動分野における国民の健康づくりのための取組については、これまで「健康づくりのための運動基準2006」を策定し、身体活動・運動に関する普及活動等に取り組んできたところであるが、運動のみならず、生活活動も含めた「身体活動」全体に着目することの重要性が高まっていることを踏まえ、今般の「健康づくりのための身体活動基準2013」より、「運動基準」から「身体活動基準」に名称を変更している。

「健康づくりのための身体活動基準2013」では、住民が運動しやすいまちづくり・環境整備に係る具体的な取組として、住民の身体活動の向上に関連する施設や公共交通機関、歩道等のインフラ整備等があげられている。

図3-7：健康日本２１（第二次）における目標

【10年後に目指す姿】
○すべての国民が共に支え合い、健康で幸せに暮らせる社会
・子どもも大人も希望のもてる社会
・高齢者が生きがいをもてる社会
・希望や生きがいをもてる基盤となる健康を大切にする社会
・疾患や介護を有する方も、それぞれに満足できる人生を送ることのできる社会
・地域の相互扶助や世代間の相互扶助が機能する社会
・誰もが社会参加でき、健康づくりの資源にアクセスできる社会
・今後健康格差が広まる中で、社会環境の改善を図り、健康格差の縮小を実現する社会

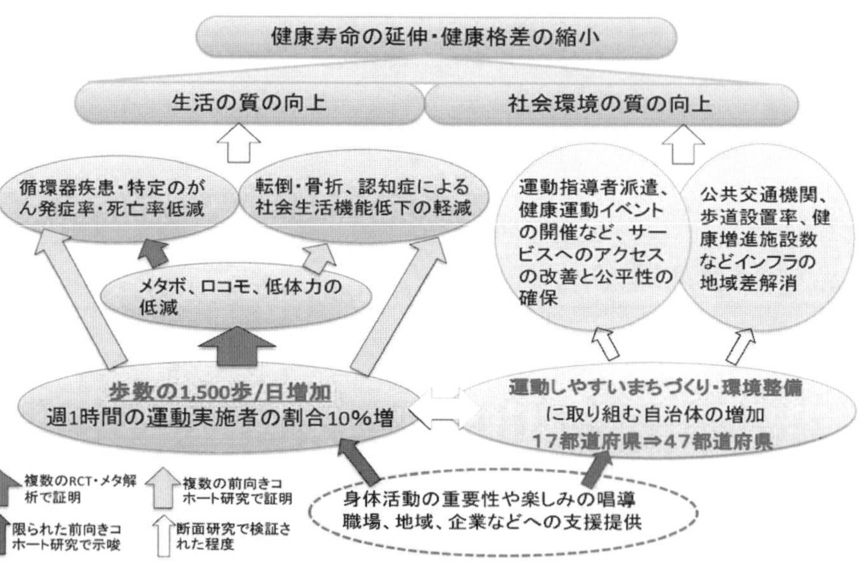

出典：厚生労働省　健康日本２１（第二次）

## 4 「健康・医療・福祉のまちづくり」の推進

　超高齢社会に対応した都市への転換は、都市規模の大小に関係なく、全ての都市において避けることができない政策テーマである。

　今後、更に人口減少は進み、また、国、地方公共団体共に財政状況が厳しくなるなかで、これらの現実を直視し、一刻も早い、都市の再構築に向けた取組が求められている。

　「健康・医療・福祉のまちづくり」は、多くの市民が自立的に、また、必要に応じて地域の支援を得て、より活動的に暮らせるまちづくりを目指している。

　このため、住み慣れた地域に引き続き市民が集い、住み続けるための良好な居住環境が確保される取組(注)と合わせ、日常生活圏域等において必要な都市機能（①健康機能、②医療機能、③福祉機能、④交流機能、⑤商業機能、⑥公共公益機能）の確保や、歩行空間、公共交通ネットワークの充実などを一体的に取り組むことによって、都市構造のコンパクト化を進めることを基本としている。

　「健康・医療・福祉のまちづくり」の推進は、現在、都市が直面している課題に対して、多くの都市において有効な取組であると考えている。

　既に車依存のライフスタイルが広く浸透している都市においても、市民や地域との対話を丁寧に積み重ねていくなど、「健康・医療・福祉のまちづくり」の実現に向け、都市政策の取組に当たっては、健康・医療・福祉の視点から必要な事業や施策へと大きく舵を切っていくことが必要である。

　　(注) 都市再生特別措置法（平成26年改正）の立地適正化計画において、都市の居住者の居住を誘導すべき区域として「居住誘導区域」を定めることによって、住宅の立地誘導を図ることが位置付けられている。

<健康・医療・福祉のまちづくりに必要な都市機能>

| 都市機能 | | 内容 | 施設例 |
|---|---|---|---|
| ①健康機能 | | ・健康の維持増進のため、日常生活において歩数を増加させ、運動機会を増やす。 | 市町村保健センター、健康増進施設、地区公園、地区運動広場、地区体育館、スポーツジム、緑道、遊歩道、街区公園、近隣公園、体操教室、健康指導教室等 |
| ②医療機能（一般、リハビリテーション） | | ・地域での看取りまでを含む日常的、一般的な医療・看護を提供する。<br>・回復期及び維持期におけるリハビリテーションを提供する。 | 一般病院、回復期リハビリテーション病院、診療所、在宅療養支援診療所（維持期リハビリテーションを含む）、在宅療養支援歯科診療所、薬局、歯科診療所等 |
| ③福祉機能 | 高齢者等介護福祉機能 | ・高齢者が地域で生きがいを持って自立した生活を送れるよう、住まい及び活動の場を提供する。<br>・支援が必要な高齢者でも地域で安心して暮らせるよう、介護、生活支援等のサービスを提供する。<br>・障がい者が地域で安心して暮らせるよう、支援やサービスを提供する。 | 地域包括支援センター、障がい者総合支援センター、介護保険等サービス（在宅系（訪問・通所・小規模多機能など）、入所・入居系）、高齢者向け住まい（サービス付き高齢者向け住宅等）、障がい者支援施設、福祉作業所、コミュニティサロン（カフェ）、体操教室等 |
| | 子育て支援機能 | ・児童や子育て世代が地域で安心して暮らせるよう、支援やサービスを提供する。 | 子育て総合支援センター、保育所、子ども園、子育て支援施設、放課後児童クラブ等 |
| ④交流機能 | | ・日常的な憩いや趣味・教養の活動、地域貢献活動等を通して地域の多様な世代の交流を促進し、地域住民（特に高齢者）の外出を促すとともに地域のコミュニティを育む。 | 市民センター、市民プラザ、スクエア（マーケット広場、イベント広場）、公民館、コミュニティサロン（カフェ）、集会所等 |
| ⑤商業機能 | | ・日常生活を営む上で必要となる生鮮品・日用品等の買い物や食事その他の商業サービスを提供する。 | 商店街、商業施設、日用品店、スーパーマーケット、生鮮食料品店、コンビニエンスストア等 |
| ⑥公共公益機能 | | ・日常生活を営む上で必要となる行政サービスや民間による公益サービスを提供する。<br>・外出機会を増加させる芸術文化サービスを提供する。 | 市役所、市役所の出張所、中央図書館、図書館の分所、文化ホール、銀行、郵便局、銀行・郵便局等の出張所、博物館、美術館、中学校、小学校、幼稚園等 |

　　(注) 都市再生特別措置法（平成26年改正）の都市機能増進施設は、医療施設、福祉施設、商業施設といった居住者の共同の福祉又は利便のため必要な施設であって、都市機能の増進に著しく寄与するものを対象としているが、上表では、これに加えて、広場、緑道などの施設も含め、健康・医療・福祉まちづくりに寄与する施設例を幅広く記載している。

第4章　参考資料

(1) 推進体制について

　行政においては、都市部局と住宅部局、健康部局、医療部局、福祉部局等の連携・協力が不可欠であり、首長を中心として横断的な推進体制を築くことが重要である。

　横断的な連携を高めることにより、医療機能や福祉機能等を計画的に確保していくことが必要であり、例えば、

- 「健康・医療・福祉のまちづくり」の検討を行う際のデータの共有
- 都市計画GISデータ等と連携した医療、福祉施策の取組状況等の見える化
- 都市計画のマスタープラン（都市計画区域マスタープラン、市町村マスタープラン、立地適正化計画）と高齢者居住安定確保計画、地域医療計画、介護保険事業計画、地域福祉計画等との連携による医療機能、福祉機能等に係る計画の作成
- 街づくりワークショップ等を通じた住民との合意形成

等を進めていくことが考えられる。

　また、地域の交通に関する状況等を踏まえて、「健康・医療・福祉のまちづくり」を推進していくためには、道路管理者、交通管理者、交通事業者等との連携が不可欠である。

　自治会等の従来型のコミュニティ活動に加え、NPOによる活動、コミュニティビジネスに代表されるゆるやかなビジネスベースのコミュニティ活動等、新たなコミュニティと呼ばれる活動が活発になってきている。これらの活動主体や行政、民間事業者等が協力して地域の課題を解決していく必要がある。

健康・医療・福祉のまちづくりの推進ガイドライン（技術的助言）

図4-1-1：多様な主体による推進体制の事例（牛久二小地区まちづくり推進協議会）

〈取組内容〉
- 牛久市では、国土交通省都市局まちづくり推進課による「健康・医療・福祉政策及びコミュニティ活動と連携したまちづくり検討調査研究会」（平成24年度）におけるケーススタディ検討（ワーキング会議・座長：筑波大学谷口教授）を受け、庁内組織としての「牛久二小まちづくり庁内会議」と市民団体や民間企業、警察を含めた関連公的機関による「牛久二小地区まちづくり協議会」を組織し、連携した検討を進めている。（同協議会は平成26年6月までに第4回まで実施し継続中（第1回会議は平成26年2月4日開催）更に交流空間整備に向けた検討部会も行っている）
- 庁内会議では、関連各課の横断的な検討分科会を都市計画マスタープラン策定委員会と連携して組織し、市全体の計画と連携しながら、地区のまちづくりの課題への対応を検討している。
- 同協議会では、牛久市の先行的モデルケースとして、多世代が元気で安心して暮らせる地域社会の再生に向けて、具体的なまちづくり事業計画案を検討するとともに、その後の実施方針、役割分担等について検討する。
- 同協議会には、学識経験者、地元関係者（関連行政区代表、市民団体、NPO等）、PTA・子供会、民間企業に加え、公的な関係機関として牛久警察署長、牛久第二小学校長、牛久市社会福祉協議会が参加している。

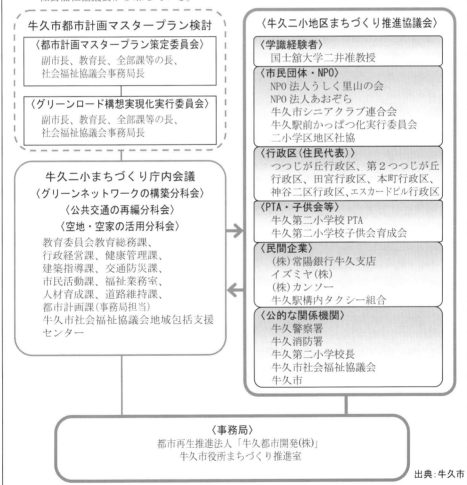

出典：牛久市

第4章　参考資料

(2)「現状」・「将来」の把握及び地域課題の「見える化」

　「健康・医療・福祉のまちづくり」の取組に当たって、先ず大切なことは、自らの都市における高齢者等の暮らしや、必要な都市機能の確保状況、地域の交通環境等の実態を把握することである。

　また、これらの状況等については、現状のみならず、将来の都市、地域の状況についても予測評価し、その動向等を把握しておくことが必要である。

　これらの「現状」、「将来」に対する把握、整理を行わずして、必要な対策を検討することは不可能であり、「健康・医療・福祉のまちづくり」に携わる関係者が、自らの都市、地域を良く知ることが取り組みの出発点となる。

　その際の基礎資料として、都市計画基礎調査については、都市計画基礎調査実施要領（平成25年6月）において、データ項目やデータの収集方法（調査対象や収集単位、出典資料）、集計方法等が示されているので、これを参考にしつつ、「健康・医療・福祉のまちづくり」の実施のために必要な分析、評価を行うという視点から、調査項目の選択・追加を行い、継続的に調査を実施することが必要である。

　また、パーソントリップ調査の活用によって、高齢者等の外出頻度や移動手段等を把握することが可能である。自動車を自由に利用することができない高齢者等の移動手段として、公共交通の重要性が更に高まるなか、継続的にパーソントリップ調査の結果を分析、評価することによって、各地域の高齢者等の移動実態の把握、問題点の整理等を行うことが必要である。

　複数の都市が一体となって都市圏でパーソントリップ調査を実施する際には、自都市から抽出される調査対象数に一定の量的制約があることも踏まえ、自都市内の「人の動き」をより効果的に把握できるよう、調査対象数や調査項目等を付加し、独自の補完調査を実施することが望ましい。

　また合わせて、アンケート調査による住民の歩行や外出に関する意識等の把握、プローブパーソン調査による歩行経路等の実態把握を行うことによって、よりきめ細かい移動実態の把握、施策検討を行う際の「気づき」の把握等を行うことが有効である。

　これらの取組とともに、市民の健康意識、コミュニティに対する参加意識等、関係部局とも連携して、「健康・医療・福祉のまちづくり」に係る調査を一体的に実施することが望ましい。

　また、都市、地域の実態把握においては、関係部局等が有する多面的な既存資料、調査結果等を効果的に集約することが有効である。

　これらの調査結果等については、都市計画GIS等との連携により、地図上にマッピングを行うことによって、関連するデータとの相互関係等を容易に分析・把握することが可能となる。

　「健康・医療・福祉のまちづくり」は、住民や民間事業者も含めた多くの関係者の連携・協働によって実現していくことが必要である。

　分析結果は視覚的に分かりやすく「見える化」することによって、関係者に新たな気づき等をもたらし、取組への参加を促すことにも資することから、地域の課題等の「見える化」に積極的に取り組むことが必要である。

【都市・地域の実態把握に活用可能な既存資料】

| データ | 単位 | 出典 | 年次 | 入手方法 |
|---|---|---|---|---|
| 人口集中地区データ | 人口集中地区 | 国土数値情報 | 平成22年 | http://nlftp.mlit.go.jp/ksj/gml/datalist/KsjTmplt-A16.html |
| 人口データ | 4次メッシュ | 国勢調査（統計GIS） | 平成22年 | http://e-stat.go.jp/SG2/eStatGIS/page/download.html |
| 世帯データ | 4次メッシュ | 国勢調査（統計GIS） | 平成22年 | http://e-stat.go.jp/SG2/eStatGIS/page/download.html |
| 人口（15歳未満、15～64歳、65歳以上） | 自治体 | 国勢調査 | 昭和55年～平成22年（5年おき） | http://www.e-stat.go.jp/SG1/chiiki/ToukeiDataSelectDispatchAction.do |
| 将来推計人口（15歳未満、15～64歳、65歳以上） | 自治体 | 国立社会保障・人口問題研究所（平成25年3月推計） | 2015～2040年（5年おき） | http://www.ipss.go.jp/pp-shicyoson/j/shicyoson13/3kekka/Municipalities.asp |
| スーパーマーケット住所等 | 個々 | Iタウンページ | 平成26年6月時点 | http://itp.ne.jp/ ＞キーワード検索で「該当都市、スーパーマーケット」検索 |
| コンビニエンスストア住所等 | 個々 | Iタウンページ | 平成26年6月時点 | http://itp.ne.jp/ ＞キーワード検索で「該当都市、コンビニエンスストア」検索 |
| 病院データ | 個々 | 国土数値情報 | 平成22年 | http://nlftp.mlit.go.jp/ksj/gml/datalist/KsjTmplt-P04.html ＞「医療機関データ」取得＞「病院」のみ抜粋 |
| 診療所データ | 個々 | 国土数値情報 | 平成22年 | http://nlftp.mlit.go.jp/ksj/gml/datalist/KsjTmplt-P04.html ＞「医療機関データ」取得＞「診療所」のみ抜粋 |
| 通所介護 住所等 | 個々 | 厚生労働省介護サービス情報公表システム | 平成26年6月時点 | http://www.kaigokensaku.jp/ ＞「通所介護」検索 |
| 小規模多機能型居宅介護 住所等 | 個々 | 厚生労働省介護サービス情報公表システム | 平成26年6月時点 | http://www.kaigokensaku.jp/ ＞「小規模多機能型居宅介護」検索 |
| 複合型サービス（介護事業所）住所等 | 個々 | 厚生労働省介護サービス情報公表システム | 平成26年6月時点 | http://www.kaigokensaku.jp/ ＞「複合型サービス」検索 |
| サービス付き高齢者向け住宅 住所等 | 個々 | サービス付き高齢者向け住宅情報提供システム | 随時更新 | http://www.satsuki-jutaku.jp/ |

第4章　参考資料

【都市・地域の実態把握例（三条市）】
・三条市において、メッシュデータや統計データを用いて市街地の状況と人口動態、施設立地等を示した例。
・市全域で均等に人口が減少した場合に、中心部においても人口密度が低下することを、分かりやすく示している。

現況の人口分布（2010年）　10.1万人

各種施設の立地状況

| 施設区分 | 人口集中地区内施設数 | 1軒あたり人数（人/軒） | 人口集中地区における最短施設間距離の平均値(m) |
|---|---|---|---|
| 診療所 | 58 | 893 | 399 |
| スーパーマーケット | 12 | 4,315 | 571 |
| コンビニエンスストア | 9 | 5,753 | 920 |

施設から半径500m圏外人口比率

出典：国勢調査、国土数値情報、iタウンページ

市全域で均等に人口が減少した場合（2040年）　7.6万人

人口密度（人/ha）
① 現況（2010年）
② 均等に人口減少（2040年）

人口は10.1万人(2010年)から7.6万人(2040年)に減少する見込み
⇒仮に市全域で均等に人口が減少すると、現在の市街地においても人口密度が大きく低下

出典：国土交通省作成資料

健康・医療・福祉のまちづくりの推進ガイドライン（技術的助言）

## 地理情報システム（GIS：Geographic Information System）の活用

■地理情報システムとは
- 地理情報システムは、地理的位置を手がかりに位置に関する情報を持ったデータ（空間データ）を総合的に管理・加工し、視覚的に表示し、高度な分析や迅速な判断を可能にする技術である。
- 都市データ（国土数値情報）としては、国土交通省が地形、土地利用、公共施設、道路、鉄道等の地理的情報を数値化している（※１）。また、メッシュデータでは、自然、土地利用、産業情報などが数値化されており、人口統計等の統計情報と合わせて分析することが可能である。
- 健康・医療・福祉の分野では、JAGES（日本老年学的評価研究）プロジェクト（※２）において、31の先進的な自治体で医療・福祉データがデータベース化されている。このデータは、「医療・介護情報の『見える化』」事業のパイロットとして位置づけられており、要介護・要支援認定者率, 高齢者の転倒率, スポーツ組織参加率, BMI（肥満度を表す体格指数）等データは利用計画書等を申請することで利用できる。

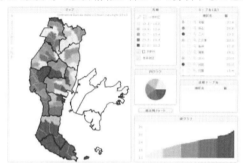

図：JAGESにおける高齢者の転倒率（小学校区ごとに評価されている）

※１　国土数値情報ダウンロードサービス：http://nlftp.mlit.go.jp/ksj/
※２　JAGES（日本老年学的評価研究）プロジェクト：http://square.umin.ac.jp/ages/

■マッピング分析の実施方法、取組例等
- 事例として、上記２種類のデータを用いて、「都市環境」と「健康度」に関わりがあるかどうかについて検討した。
- A市における都市データ（高齢化率、バスルートや都市公園の分布）と医療・福祉データ（町丁目別の要介護・要支援認定者の割合）をGISで重ね合わせてみた結果、高齢化率の高い４つの地域に、バスルートや都市公園の配置状況を重ね合わせると、周辺に既存バスルートや都市公園が少ない地域では要介護要支援認定者の割合が高かった。（下図で点線の赤丸で示した地区）
- このような結果からさらなる分析を進めていくことで、事業や政策に活かしていくことが考えられる。

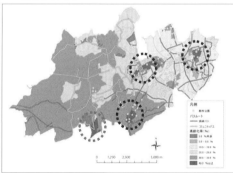

図：A市における都市公園分布・バスルートと高齢化率
※町丁字界、都市公園、バスルート、高齢化率のデータを重ねて図を作成

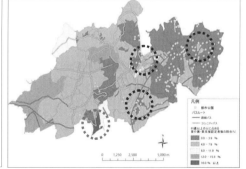

図：A市における都市公園分布・バスルートと要介護・要支援認定者の割合
※町丁字界、都市公園、バスルート、要介護要支援のデータを重ねて図を作成

第4章　参考資料

**歩行者行動補完調査で得られた「気づき」とは【国土交通省及びケーススタディ都市】**

■歩行者行動調査の概要
- 都市圏の交通行動を把握する調査として、パーソントリップ調査があるが、日常生活圏レベルでのまちづくりを検討する場合、高齢者のサンプル数が少ないこと、歩行者の歩行経路や歩行距離が充分に把握できないことから、歩行者の行動に焦点を置いた補完調査としてアンケート調査とプローブパーソン（ＰＰ）歩行調査を行った。
- 歩行行動アンケート調査では、回答者の属性、外出頻度、目的、手段、歩行量、歩行経路選択の要件、健康意識等について把握分析を行った。
- プローブパーソン調査では、日常生活圏内の方を10名程度モニターとして、外出時に歩数計とＧＰＳ機器を携帯してもらい、1か月間の行動を把握した。

■調査結果からの「気づき」について
- アンケート調査では、歩行の継続距離は、概ね500～700mで、後期高齢者になると減少する傾向が見られた。
- 徒歩による外出の目的は、トリップ数では「買い物」が多く、次いで「近所での散歩」、「公園・河川敷」となっている。
- 1トリップ当たりの歩行距離では、「買い物」平均400m程度で、「近所への散歩」700mや「公園・河川敷」900m、「習い事」800mの半分程度である。
- プローブパーソン歩行調査では、モニターの歩行行動の特徴として、「日々同じ経路を繰返し歩くこと」、「一つの目的行動は、自宅からの往復で距離は少ないが、複数の目的行動は自宅から回遊行動となり距離が延びること」が分かった。

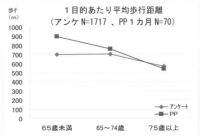

1目的あたり平均歩行距離
（アンケＮ=1717、ＰＰ1カ月 N=70）

【プローブパーソン歩行調査による気づきの一例】
1トリップあたりの歩行距離は短いが、複数の目的を持つ場合に回遊性経路となり歩数が伸びる。
（岐阜市調査：モニター主婦の1日の歩行行動）

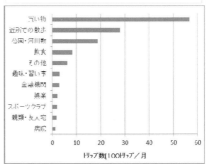

目的別トリップ数　100トリップ/月　N=801

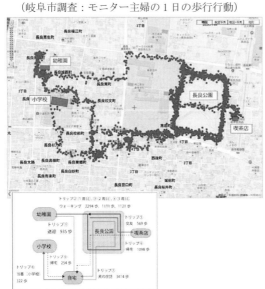

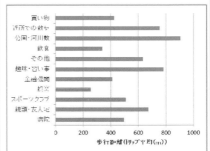

目的別歩行距離　歩/トリップ
N=801

健康・医療・福祉のまちづくりの推進ガイドライン（技術的助言）

(3)「健康・医療・福祉のまちづくり」に必要な5つの取組
　モデル都市における先行事例や研究成果等から、「健康・医療・福祉のまちづくり」を進めるために、以下に示す5つの取組が効果的であることが明らかとなってきている。
　① 住民の健康意識を高め、運動習慣を身につける。
　② コミュニティ活動への参加を高め、地域を支えるコミュニティ活動の活性化を図る。
　③ 日常生活圏域・徒歩圏域に都市機能を計画的に確保する。
　④ 街歩きを促す歩行空間を形成する。
　⑤ 公共交通の利用環境を高める。
　これらの取組が効果的であることを示す知見等については、以下の通りである。

| 〈主な知見〉 | 〈施策の視点〉 |
|---|---|
| ・健康に対する意識の高い人は、そうでない人と比べて、1日の平均歩行数が多い<br>・1日 8 千歩を達成している人は、運動器の衰えや低体力化が低い傾向がある | ①住民の健康意識を高め、運動習慣を身につける |
| ・人とのコミュニケーションが多い人や地域での助け合い活動に参加している人は、1日あたりの平均歩行数が多い<br>・友人・仲間がたくさんいる高齢者や自主的な活動に参加したことがある高齢者は、生きがいを感じる人の割合が高い | ②コミュニティ活動への参加を高め、地域を支えるコミュニティ活動の活性化を図る |
| ・交流施設が「徒歩圏域」に多くある地区の高齢者は地域活動やサークル等への参加率が高く、外出頻度が高い<br>・公園が「徒歩圏域」にある高齢者は運動頻度が高い | ③日常生活圏域・徒歩圏域に都市機能を計画的に確保する |
| ・高齢者が「徒歩」で外出するために必要な要因として「沿道景観」「休憩施設」が重視されている<br>・高齢者は歩行経路の決定に当たり「道路横断の安全性」「歩道の凹凸、段差」を重視している | ④街歩きを促す歩行空間を形成する |
| ・鉄道駅から 1.5km 圏外で免許を保有していない人は、免許を保有している人と比べて外出率が低い<br>・高齢者は居住地がバス停までの距離が離れる毎に、外出行動が自立しなくなる傾向がある | ⑤公共交通の利用環境を高める |

第4章　参考資料

① 住民の健康意識を高め、運動習慣を身につける。

- 健康に対する意識の高い人は、そうでない人と比べて、1日の平均歩行数が多い傾向が見られる。
- 一日8,000歩（健康づくりで推奨/厚生労働省（注1））を達成している人は、運動器疾患や低体力等の割合が低い傾向にある。

図4-3-1：ヘルスリテラシーと一日の平均歩行数

- 健康意識(ヘルスリテラシー)の高い人は、一日の歩行数が多い傾向がみられる。

※「ヘルスリテラシー」
健康面での適切な意思決定に必要な、基本的な健康情報やサービスを調べ、理解し、効果的に利用する個人的能力の程度を意味する。
（右調査結果では、健康意識に関する5つの質問事項への回答内容を点数化し、ヘルスリテラシーの高低を判断した）

ヘルスリテラシーの高低と一日当たりの平均歩行数との関係

- 高い：5,104
- 低い：3,925

【4,637歩/日】平成22～24年度調査7地区平均歩行数

※平成22～24年度住民アンケート調査（牛久市2地区、志木市2地区、渋谷区、岐阜市、新潟市・計7地区）より、7地区全体の平均歩行数と、健康意識に関する質問を行った3地区(牛久市、志木市、渋谷区)の調査結果（N=549）との比較

出典：平成22～24年度住民アンケート調査

図4-3-2：移動手段別の健康状態（75歳以上）

- 健康づくりで推奨されている8000歩/日（注1）を達成している者は、非達成者に比べ、ロコモティブシンドロームやサルコペニア肥満、低体力者の割合が有意に低かった。

※「ロコモティブシンドローム」
- 「運動器の障害」により自分で移動する能力が低下し「要介護になる」リスクの高い状態にあること
（出典：日本臨床整形外科学会HP）

※「サルコペニア肥満」
- 筋肉が減少することと肥満が合併した状態で、高血圧や糖尿病、骨折や転倒、寝たきりになるリスクが高まる
（筑波大学大学院　久野教授）

※「低体力」
- 移動能力、筋力、バランス能力の総合得点（Motor Fitness Scale=14項目の質問票：14点満点）が10点以下である者
（筑波大学大学院　久野教授）

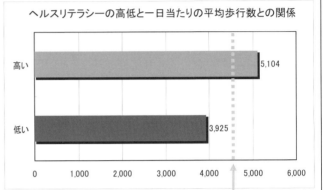

SWC総合特区加盟自治体と志木市の健康状態
（8000歩達成者/非達成者）

出典：筑波大学　久野研究室

健康・医療・福祉のまちづくりの推進ガイドライン（技術的助言）

図4-3-3：健康づくりのための身体活動基準

・厚生労働省では、「健康づくりのための身体活動基準（2013）」として、血糖・血圧・脂質に関する状況に対する身体活動や運動等の基準について、科学的根拠のあるものについて設定している。

| 血糖・血圧・脂質に関する状況 | | 身体活動（＝生活活動＋運動） | | 運動 | | 体力（うち全身持久力） |
|---|---|---|---|---|---|---|
| 健診結果が基準範囲内 | 65歳以上 | 強度を問わず、身体活動を毎日40分（＝10メッツ・時／週） | 今より少しでも増やす（例えば10分多く歩く） | ― | 運動習慣をもつようにする（30分以上の運動を週2日以上） | 性・年代別に示した強度での運動を約3分継続可 |
| | 18～64歳 | 3メッツ以上の強度の身体活動を毎日60分（＝23メッツ・時／週）（歩行又はそれと同等以上） | | 3メッツ以上の強度の運動を毎週60分（＝4メッツ・時／週）（息が弾み汗をかく程度） | | |
| | 18歳未満 | ―【参考】幼児期運動指針：「毎日60分以上、楽しく体を動かすことが望ましい」 | | ― | | |
| 血糖・血圧・脂質のいずれかが保健指導レベルの者 | | 医療機関にかかっておらず、「身体活動のリスクに関するスクリーニングシート」でリスクがないことを確認できれば、対象者が運動開始前・実施中に自ら体調確認ができるよう支援した上で、保健指導の一環としての運動指導を積極的に行う。 | | | | |
| リスク重複者又は受診勧奨者 | | 生活習慣病患者が積極的に運動をする際には、安全面での配慮が特に重要になるので、かかりつけの医師に相談する。 | | | | |

出典：「健康づくりのための身体活動基準2013」厚生労働省

図4-3-4：世界の死亡原因と「身体活動」の関係

・2009年のWHOによるグローバルレポートによれば、「身体活動不足」（運動不足）は全世界の死亡者数に対する4番目の危険因子となっている。

死亡の原因となる10の主要危険因子（全世界）

| ランク | 危険因子 | 死亡数（百万人） | 総死亡中の割合（％） |
|---|---|---|---|
| 1 | 高血圧 | 7.5 | 12.8 |
| 2 | 喫煙 | 5.1 | 8.7 |
| 3 | 高血糖 | 3.4 | 5.8 |
| 4 | 身体活動不足（運動不足） | 3.2 | 5.5 |
| 5 | 過体重と肥満 | 2.8 | 4.8 |
| 6 | 高コレステロール | 2.6 | 4.5 |
| 7 | 安全でない性行為 | 2.4 | 4.0 |
| 8 | 飲酒 | 2.3 | 3.8 |
| 9 | 低体重児 | 2.2 | 3.8 |
| 10 | 固形燃料の使用による屋内の煤煙 | 2.0 | 3.3 |

出典：「Global Health Risks Mortality and burden of disease attributable to selected major risks」(2009) WHO

（注1）「健康づくりのための運動指針2006（平成17年）厚生労働省」にて示された数値（8000～10000歩/日）なお、現在の「健康日本21（第二次）」厚生労働省（H25年度）における日平均歩数の目標値は以下の通り
　　20～64歳：男性9,000歩、女性8,500歩（平成34年度）
　　65歳以上：男性7,000歩、女性6,000歩（平成34年度）

第4章　参考資料

② コミュニティ活動への参加を高め、地域を支えるコミュニティ活動の活性化を図る。

・人とのコミュニケーションが多い人や地域での助け合い活動に参加している人は、1日あたりの平均歩行数が多い。
・友人・仲間がたくさんいる高齢者や自主的な活動に参加したことがある高齢者は、生きがいを感じる人の割合が高い。

図4-3-5：人とのコミュニケーションと平均歩行数との関係

・家族以外の話し相手の多い人ほど、1日の平均歩行数が多い。

出典：平成22年度住民アンケート調査（牛久市、志木市、岐阜市、新潟市・計4地区）

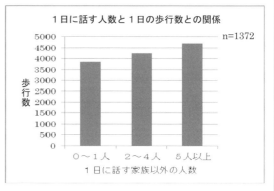

図4-3-6：地域での助け合い活動への参加と平均歩行数との関係

・地域での助け合い活動に参加している人は、参加していない人に比べて歩行数が多い。

※H22～24年度住民アンケート調査（牛久市2地区、志木市2地区、渋谷区、岐阜市、新潟市・計7地区）より、7地区全体の平均歩行数と、地域での助け合い活動への参加有無に関する質問を行った2地区（牛久市、渋谷区）の調査結果（N=397）との比較

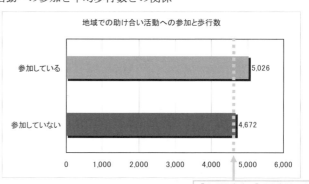

出典：平成22～24年度住民アンケート調査

【4,637歩/日】平成22～24年度調査7地区平均歩行数

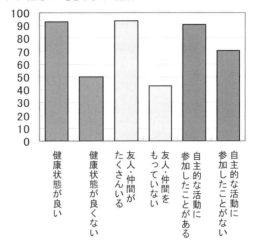

図4-3-7：高齢者の友人・仲間の存在及び自主的な活動への参加と生きがいとの関係

・「友人・仲間の存在」や「自主的な活動」は高齢者に「生きがい」を感じさせる。

出典：高齢者の地域社会への参加に関する意識調査（平成20年／内閣府）より作図

③ 日常生活圏域・徒歩圏域に都市機能を計画的に確保する。

・厚生労働省においては、団塊の世代が75歳以上となる2025年を目標として、要介護状態となっても、住み慣れた地域で自分らしい暮らしを人生の最後まで続けることができるよう、住まい・医療・介護・予防・生活支援が一体的に提供される地域包括ケアシステムの構築を推進しており、おおむね30分以内に必要なサービスが提供される「日常生活圏域」を単位として想定している。

・交流施設が「徒歩圏域」に多くある地区の高齢者は、地域活動やサークル等への参加率が高く、外出頻度が高い。

・公園が「徒歩圏域」にある高齢者は運動頻度が高く、日常的に徒歩で公園を利用している人は利用していない人よりも一日の歩行数が多い。

・「徒歩圏域」における目的地は、近隣への買い物が最も多く、次いで公園・河川敷、近所への散歩が多い。

第4章 参考資料

図4-3-8：交流施設の有無と地域活動等への参加率、外出頻度の違い

　集会所※や小学校の空き教室を活用したコミュニティサロン等の交流機能が徒歩で行ける範囲に計画的に確保された地区（A地区）では、そうでない地区（B地区）に比べて地域活動等への参加率が高く、外出頻度が高い。

※A地区の集会所は、集会だけでなく、体操教室、習い事、余暇等の各種サークル活動やクラブ等で利用されている。

A地区の交流施設の分布状況

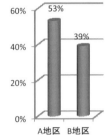

グラフの出典：
平成22年度志木市日常生活
圏域ニーズ調査（志木市）
（A地区N=214、B地区N=103）

A地区・B地区の高齢者の地域活動・サークル等参加率
（何らかの交流活動に参加している人の割合）

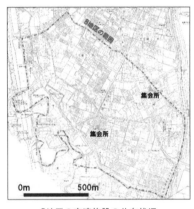

B地区の交流施設の分布状況

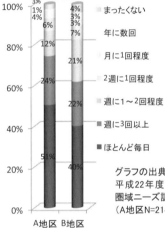

グラフの出典：
平成22年度志木市日常生活
圏域ニーズ調査（志木市）
（A地区N=214、B地区N=103）

A地区・B地区の高齢者の外出率

図4-3-9：高齢者の運動頻度と公園との距離

自宅周辺に公園がある人は、ない人に比べて運動の頻度が高い。

※対象者：愛知県在住高齢者(65歳以上)N=9,414

出典：「家の近くにおける公園の有無と高齢者の運動頻度との関係」
平成23年　Hanibuchi T, Nakaya T, Hirai K, Kondo K

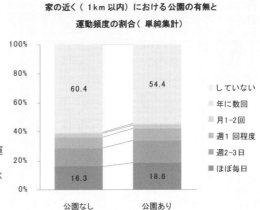

図4-3-10：徒歩での日常的な公園利用と一日の平均歩行数

日常的に徒歩で公園を利用する人は利用しない人に比べて一日の歩行数が多い。

※平成22～24年度住民アンケート調査（牛久市2地区、志木市2地区、渋谷区、岐阜市、新潟市・計7地区）より、7地区全体の平均歩行数と、公園利用の有無に関する質問を行った3地区(牛久市、志木市、渋谷区)の調査結果（N＝559）との比較

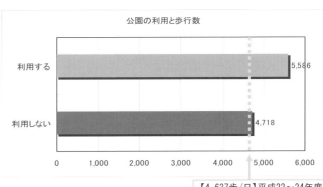

図4-3-11：年齢別・徒歩での外出先（月あたり外出回数の割合）

徒歩の目的構成は「近隣への買い物」が多く、次に「公園・河川敷」「近所への散歩」となっている。

※対象者：地区在住者（16歳以上）N＝1,717
出典：平成22年度志木市・牛久市・岐阜市・新潟市アンケート調査結果

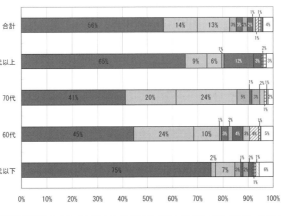

第4章　参考資料

④　街歩きを促す歩行空間を形成する。

- 高齢者が休憩をしないで歩ける歩行継続距離は、約500～700mとなっている。
- 高齢者が「徒歩」で外出するために必要な要因として、「沿道景観」、「休憩施設」が重視されている。また、高齢者は歩行経路の決定に当たり、「道路横断の安全性」、「歩道の凹凸、段差」を重視している。
- 住宅団地として整備され歩行空間の整備が進んでいる地区と、小規模な宅地開発により形成された地区では、前者の方が高齢者の歩行数が多い。また、外出頻度も高くなっている。
- 大都市圏中心都市では、人口密度の高い低層住宅系地区において移動歩行数が大きい。地方中心都市では、歩行数の多い住区は土地利用規制が住宅に限定されていない傾向がある。また、商業系土地利用（特に商業地域60％以上で人口密度の高い住区）で、徒歩や自転車での移動が多い。
- 富山市の多目的広場「グランドプラザ」は、年間80％以上の日においてイベント等の利用があり、隣接する通りの歩行者交通量は、約13％増加している。

図4-3-12：高齢者の平均歩行継続距離

- 高齢者が休憩しないで歩ける距離は概ね500～700m

出典：平成22年4市住民アンケート調査(N=631)

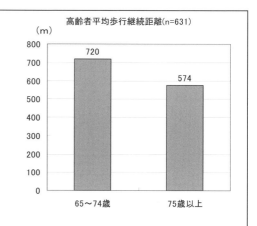

図4-3-13：「徒歩」で外出するために必要な要因（全年齢）

- 「徒歩」で外出するために必要な要因として、「沿道環境」「休憩施設」を重視

出典：平成22年　新潟市、岐阜市、志木市、牛久市住民アンケート調査

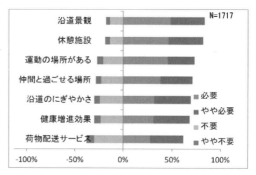

図4-3-14：「徒歩」で移動する場合の経路決定に重視する事柄

・高齢者は歩行経路の決定にあたり、「道路横断等の安全性」「道路の凹凸、段差」を重視

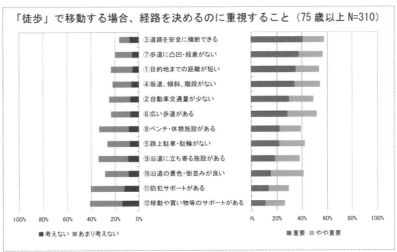

出典：平成22年 新潟市、岐阜市、志木市、牛久市住民アンケート調査

図4-3-15：地域状況の違いによる歩行数の変化

・住宅団地として整備され歩行環境の整備が進んでいる地区（A地区）と、小規模な宅地開発により形成された地区（B地区）における住民アンケート調査から、高齢者の歩行数に差が生じている

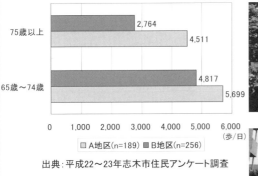

出典：平成22～23年志木市住民アンケート調査

A地区　環境整備が進んでいる地区
■歩道整備状況
（287.2m/ha）
■人口密度
（1,770人/ha）

B地区　環境整備が進んでいない地区
■歩道整備状況
（70.2m/ha）
■人口密度
（747人/ha）

第4章 参考資料

**図4-3-16：住区群と移動歩行数の関係**

・大都市圏中心都市において、移動歩行数が最も大きいのは、人口密度の高い低層住宅系地区である。
・地方中心都市において歩行数の多い住区は、土地利用規制が住宅に限定されていないという傾向がある。
・商業系土地利用（特に60％以上で人口密度が高い地区）は、徒歩と自転車での移動が多くの割合を占めている。

※以下の図は都市特性（下段○が該当する都市特性）における、平均歩行数と主な移動手段の割合（上段グラフ）

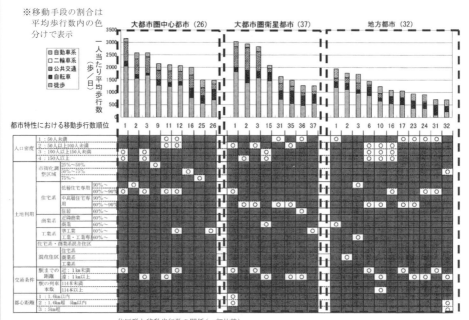

住区群と移動歩行数の関係（一部抜粋）
(注)都市特性に記載されているカッコ内数字は各都市特性内における住区群数

**出典：「健康まちづくりのための地区別歩行喚起特性」谷口守・松中亮治・中井祥太**
（分析方法）
　個人の歩行実態（活動別、交通手段別原単位）を、万歩計を用いた起床時から就寝時までの歩行数の詳細調査（平成16年11月～17年1月）を実施。その結果を全国ＰＴ調査に組み合わせることで各住宅地居住者の個人歩行数を推定。その結果を総合的に比較することで、住宅地タイプの違いが個人の歩行数に及ぼす影響を検討。

健康・医療・福祉のまちづくりの推進ガイドライン（技術的助言）

⑤ 公共交通の利用環境を高める。

・鉄道駅から1.5km圏外であり、免許を保有していない人は、保有している人と比べて、外出率が約26％低くなっている。
・車を所有しない60歳以上の人の外出率の割合は、車を所有する人より約20％低い。
・米国大学のレポートでは、車を利用する人より公共交通機関を利用する人の歩数が30％多いとしている。
・高齢者は、居住地からバス停までの距離が離れる毎に、外出行動が自立しなくなる傾向がある。

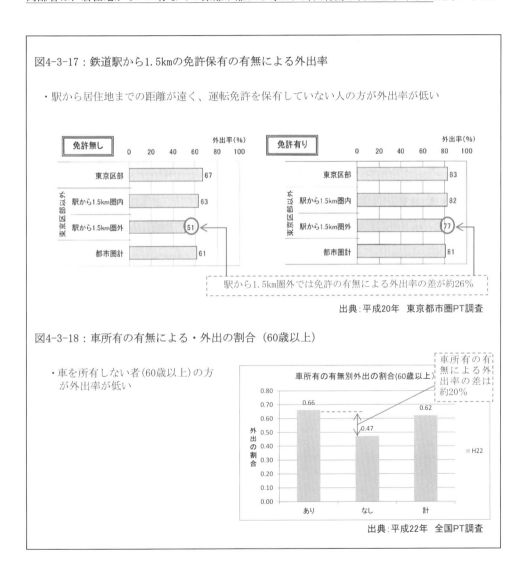

図4-3-17：鉄道駅から1.5kmの免許保有の有無による外出率
出典：平成20年 東京都市圏PT調査

図4-3-18：車所有の有無による・外出の割合（60歳以上）
出典：平成22年 全国PT調査

# 第4章 参考資料

## 図4-3-19：バス停までの距離と外出の関連

・居住地がバス停から遠くなると、自立した外出が減少する。

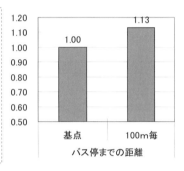

※外出は、バス停との距離と有意に関連する。
　距離100m毎の外出行動が自立しなくなるオッズ率は以下の通り。
　距離100m毎のオッズ率は、1.138　（95%CI：1.069-1.213）。
※対象：要介護認定を受けていない高齢者（65歳以上）
　実施時期：平成22年8月
　分析方法：多重ロジスティック回帰
※オッズ比＝ある事象の起こりやすさを2つの群で比較して示す統計的な尺度（右のグラフでは100m毎に1.13倍外出が成立しなくなることを示している）

出典：「高齢者の外出・買い物活動の自立とバス停・買い物施設までの距離の関連」平井寛・近藤克則・鈴木佳代

健康・医療・福祉のまちづくりの推進ガイドライン（技術的助言）

(4) 5つの取組の留意事項
　各取組を実施する際に留意すべき点は、以下の通りである。
① 住民の健康意識を高め、運動習慣を身につける
　(ｱ) 社会環境の改善を通じた市民意識等の向上
　　運動未実施の市民（全体の約7割）のうち運動実施の意志のない、いわゆる「無関心層」が約7割を占めるとされている。
　　健康意識や運動習慣は、社会環境との関係が指摘されており、歩行空間や公共交通機関へのアクセスの改善、公園や緑地環境の整備等の地域の社会環境の改善を進めることが必要である。
　　また、これらの取組に地域住民等の積極的な参加を促すことによって、まちづくり活動を通じた市民の健康意識等の向上を図ることが考えられる。
　　このような取組を通じて、「健康づくり」と「まちづくり」の一体性、連携の必要性等についての市民の理解を高めることも大切である。

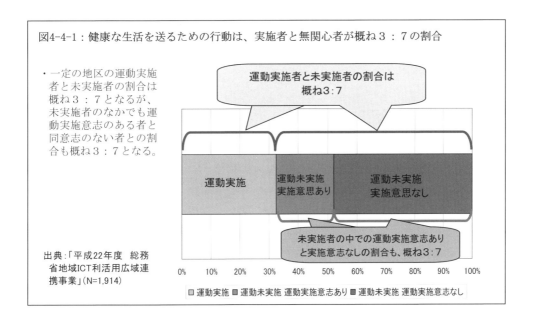

図4-4-1：健康な生活を送るための行動は、実施者と無関心者が概ね3：7の割合

・一定の地区の運動実施者と未実施者の割合は概ね3：7となるが、未実施者のなかでも運動実施意志のある者と同意志のない者との割合も概ね3：7となる。

出典：「平成22年度　総務省地域ICT利活用広域連携事業」(N=1,914)

第4章　参考資料

② コミュニティ活動への参加を高め、地域を支えるコミュニティ活動の活性化を図る
(ア) 高齢者のコミュニティ活動への参加など生きがいの創出

　　退職後の高齢者については、社縁を失うことで社会的に孤立するリスクが高いとされていることから、交流サロン等の地域のコミュニティ活動への参加の促進を図るとともに、子育てのサポートや高齢者単身世帯・高齢者夫婦世帯間の見回りといった地域を支えるコミュニティ活動への参加等を通じて、社会参加を促す仕組みを整えることが重要と考えられる。

　　あわせて、三世代近居・隣居・同居など血縁関係を活かした住まい方を取り入れることは、高齢者の安心感の醸成や生きがいの増進にも効果があり、女性の就労率の向上にも資する取組にもなる。このためには、地縁関係者による住まいの取得を支援する取組が有効であり、例えば、地域における質の高い空き家等の情報提供や住宅改修の支援等を行うことが考えられる。

図4-4-2：空き家・空き地を利用した定住人口増加のための誘導・促進
　　　　（愛知県田原市）

〈取組内容〉
- 田原市では、定住人口増加のための誘導・促進、地域活性、地域コミュニティの維持等を目的に、市内の空き家・空き地を有効活用するための「空き家・空き地バンク」を行っている。
- この事業は、市内の空き家・空き地物件を登録し、市のホームページ等で全国に紹介する事業であり、市が直接賃貸や売買の仲介を行うわけではなく、(社)愛知県宅地建物取引業協会へ仲介を依頼する間接型と、所有者と利用登録者の２者間で行う直接型の選択により行われている。
- また、同時に市では「耐震改修補助制度」や「住宅リフォーム補助制度」等も設けている。

〈事業実績〉
- 空き家紹介中物件：５件
- 空き地紹介中物件：３件

（平成26年6月現在）

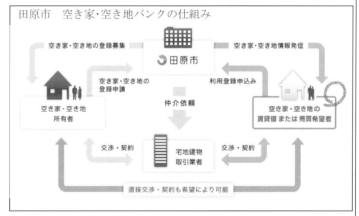

〈募集中物件事例〉
- 三河田原駅近接地（約800m）、市役所まで約1.1km、バス停まで約100m、最寄りの小学校まで約500m
- 土地面積約450㎡、建築面積約170㎡、延べ床面積約270㎡、部屋数８（ファミリー、多世代向け）

出典：田原市ホームページ

第4章　参考資料

(イ)　多様な主体の連携

　多様な主体が協働してコミュニティ活動について議論するためには、地域の住民や商業者、関係団体など、まちづくりの推進主体となりうる全ての関係者がネットワーク化されることが重要と考えられる。例えば、高齢者等を含む全ての住民が気軽に参加でき、有識者や専門家、自治体担当者、NPO法人、各種団体等と専門的な問題について意見交換・議論を行うことができる様々なコミュニケーションの場を設置することが考えられる。

　コミュニティ活動に関する議論は、地域主体のまちづくりに係る根幹部分に影響するため、議論のプロセスを通して公平性、透明性、社会性の担保などを適切にコントロールしつつ、多様な意見を集約化していくことが求められるとともに、地域で集約された意見や計画に関して、関連計画等との様々な調整、さらには行政内部の横断的連携の調整等が必要となることから、これらを担う場と人材の確保が重要と考えられる。例えば、地域の各種コミュニティとの連携を担当する人材を地域ごとに配置することなどが考えられる。

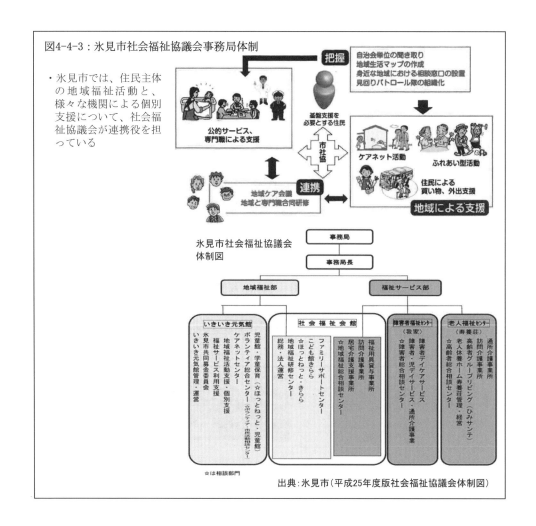

図4-4-3：氷見市社会福祉協議会事務局体制

・氷見市では、住民主体の地域福祉活動と、様々な機関による個別支援について、社会福祉協議会が連携役を担っている

出典：氷見市（平成25年度版社会福祉協議会体制図）

健康・医療・福祉のまちづくりの推進ガイドライン（技術的助言）

図4-4-4：横浜市地域ケアプラザの役割

- 横浜市が各区の地域単位＊で設けている「地域ケアプラザ」は、常勤で「地域活動交流コーディネーター」と「地域包括支援センター担当となる保健師等」を配置し、「地域の福祉保健の拠点」として地域の各種団体とのネットワークづくりを行い、同時に支援が必要な人を把握し、支援につなげていく役割を担っている
- 特に「地域活動交流コーディネーター」は福祉だけを担当するのではなく、地域活動をコーディネートする役割を担っており、コミュニケーション力をもつ人材が活用されている

＊：設置は横浜市内公立中学校区ごとに1カ所

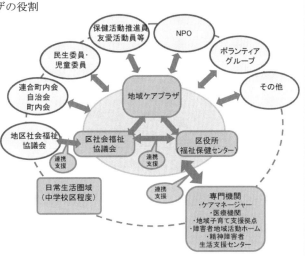

出典：「横浜市事業評価会議資料」（平成23年度）

図4-4-5：ドイツ・コミュニティ・マネジメント

- 既存のコア的団体（町内会、自治会、商店街組合、まちづくり組織、NPO等）が核となり地域内連携を推進
- 活動の各段階で重要な役割を位置づけ、全体をサイクル化し、より多くの関係者を巻き込み、さらに広域の連携を推進
- 活動を推進する中心的な人材として「コミュニティ・マネージャー」の配置が必要

＊「コミュニティ・マネージャー」
：まちづくりプランナーやタウンマネージャー、その他まちづくり専門家の登用が想定される。タイプの異なる複数のマネージャーによるチーム編成も効果的で、様々な分野での知識・経験豊富な人材の発掘・育成が重要

＜実施体制＞
地元市民団体
行政セクター：自治体、学校等
地元商業者、経済団体
広域的な団体：企業、業界団体、大学、福祉団体等
これらの連携パートナーシップ

出典：「ドイツの地域再生戦略　コミュニティ・マネジメント」
東京都市大学　室田昌子

図4-4-6：牛久市検討体制

- 行政内連携体制として、関連各課の横断的な検討分科会を都市計画マスタープラン策定委員会と連携して組織し、市全体の計画と連携しながら、地区のまちづくりの課題への対応を検討

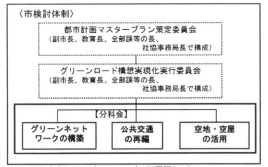

出典：健康・医療・福祉政策及びコミュニティ活動と連携したまちづくり検討調査」（平成24年度）国土交通省

第4章　参考資料

図4-4-7：横浜市　勝田団地におけるコミュニティ連携のプロセス

【取組の概要】
・横浜市営住宅勝田団地は昭和42年に入居が開始された住戸数1,500戸以上の団地である。「かちだ地区おもいやりネットワーク事業連絡会」を立ち上げ、住民が協力して皆で行えるような仕組みづくりを実践している。そのきっかけとなったのは独居高齢者の孤独死であった。
・自治会、行政、小中学校、ボランティア、社会福祉協議会、地域ケアプラザ等の多様な主体が連携している。

【コミュニティ連携のプロセス】

・住民の高齢化に伴い独居高齢者が増加し、平成19年度には団地内で4名の方が死後に発見された。

・この事実をきっかけに住民の中に危機意識が芽生え、自治会等でも孤独死防止に向けた機運が高まった。

・かちだ連合自治会等が中心となり、地域の高齢者問題に関係する14団体で「おもいやりネットワーク連絡会」を立ち上げた。行政（横浜市）は「地域の見守りネットワーク構築支援事業」のモデル地区のひとつに勝田団地を選定し、団体間の調整や活動費用の助成などでネットワークの立ち上げを支援した。

・14団体のうち連合自治会や民生委員・児童委員、地域ケアプラザ等が事務局となり毎月1回の事務局会議を行うこととし、現在も継続している。

・事務局会議での議論をもとに、「孤立させない地域づくり」を目指して自治会等の各種団体が緊急連絡カードの作成・管理や見守り活動、体操教室の開催などの活動を実施している。特に地域の見守りの要として、各階段につき1名、計154名の「階段委員」が活躍している。

・現在では行政は団地側からの相談に対応するだけで、地域主体の活動として定着している。

【団地の概要（平成23年度）】

| 入居開始時期 | 昭和42年 |
| --- | --- |
| 棟数 | 41棟 |
| 住戸数 | 1,534戸 |
| 総世帯数 | 1,451世帯 |
| 高齢化率 | 約40% |

【おもいやりネットワーク連絡会の主な構成団体】

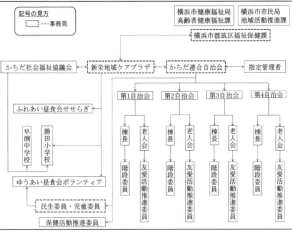

参考資料：
・孤独死対策による住民の意識・行動変化に関する研究－横浜市都筑区勝田団地第二自治会を対象として－（大崎郁斗・室田昌子　公益社団法人日本都市計画学会　都市計画報告集　No.11,2013年2月）
・横浜市「平成21年度　元気な地域づくり　活動報告会」事例発表資料

健康・医療・福祉のまちづくりの推進ガイドライン（技術的助言）

㈱ コミュニティ活動の拠点づくり

　かつてのコミュニティの核であった小学校が減少していることから、多くの住民がそれぞれの知識や能力を活かして自立的にコミュニティ活動に参加できる環境を整えることが重要と考えられる。特に、地域を支えるコミュニティ活動の拠点については一層の充実を進めていくことが必要であり、例えば、小学校の空き教室や福祉施設、中心市街地の空き店舗・空き家など、地域の人々が集まりやすい場所を複合施設として活用し、コミュニティの活動拠点を設けることが考えられる。

図4-4-8：大牟田市地域密着サービス及び介護予防拠点・地域交流施設整備状況

- 福岡県大牟田市では、「介護予防拠点・地域交流施設の併設」を義務づける市の独自基準を設け、地域密着サービスの開設時の公募選定条件としている。
- 地域住民を含めた運営推進会議を行うことで、地域交流を積極的に推進している。
- 地域住民のサポートにより、高齢者へのきめ細かな対応と、利用者数の増加傾向がみられる。

出典：大牟田市長寿社会推進課

第4章　参考資料

(エ)　コミュニティビジネスの活用

地域を支えるコミュニティ活動については、従来、その多くがボランティア活動として行われていたが、安定的な運営の継続や事業規模の拡大等を図る上では、純粋なボランティアベースのコミュニティ活動だけではなく、適切な収入を得ながら緩やかなビジネスベースの活動へと転換を進めていくことが重要と考えられる。このような活動は、担い手となる住民の参加意欲向上にもつながり、持続可能で相当規模の活動となる可能性が高い。

このためには、コミュニティビジネスの実施主体に対して、活動拠点の整備や公共空間の優先利用等の支援を行うことが考えられる。

また、このようなコミュニティビジネスを行う組織を地域のコミュニケーションの場に参画させることが望ましい。新しいコミュニティが従来のコミュニティと一定の共通目標に基づいた連携・融合を図りつつネットワークを拡大し、新たなまちづくりの体制を構築していくことが可能となると考えられる。

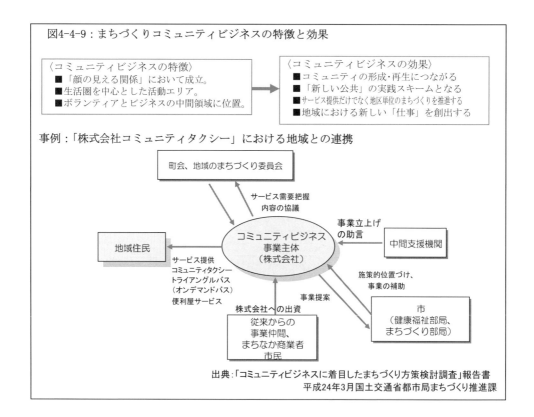

110

図：高齢者による「葉っぱビジネス」事例（徳島県上勝町）

【取組の概要】
- 徳島県上勝町は人口1,840名、高齢化率49.57%（平成25年10月1日現在）の過疎化と高齢化が進む町だが、一方で、全国でも有数の地域活性型農商工連携のモデルとなっている。
- 昭和56年に起きた寒波による主要産業（みかん）の枯渇という危機を乗り越え、葉っぱ（つまもの）を中心にした新しい地域資源を軸に、高齢者を中心とした地域ビジネスを展開し、20年近くにわたり町ぐるみで取り組んでおり、高齢者の生活を豊かにし、健康状態にも良い影響をあたえている。

【葉っぱビジネスのポイント】
- 「葉っぱビジネス」は、日本料理を彩る季節の葉や花、山菜等の「つまもの」を販売するビジネスであり、株式会社いろどり代表取締役の横川氏が「彩（いろどり）」と名付けてスタートした。
- 「葉っぱビジネス」は、単価に対して軽量であり、女性や高齢者でも取り組める商材。
- 現在の年商は2億6000万円で、年収1000万円を稼ぐ高齢者（おばあちゃん）もいる。
- このビジネスを支えているのはPC（ブロードバンド・ネットワーク）であり、高齢者自らがPCを駆使し、全国の市場情報を収集してマーケティングを行い、全国へ「葉っぱ」を出荷している。
- PCにより、自分が町で何番目の売上げを上げているのかの順位等もわかるようになっており、その競争が刺激となっている。

出典：株式会社いろどりホームページ

【高齢者自身がタブレット端末等を駆使し、マーケティングから出荷までこなしている】

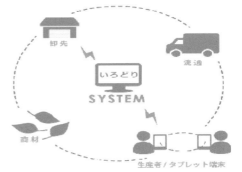

第4章　参考資料

③　日常生活圏域・徒歩圏域に都市機能を計画的に確保する

(ア)　計画的に確保することが望ましい都市機能と機能確保の考え方

日常生活圏域等において必要な都市機能は、各機能の特性に応じた一定の利用圏人口によって、それらが持続的に維持されている。都市再生特別措置法（平成26年改正）の立地適正化計画制度は、区域内の住宅及び都市機能増進施設の立地の適正化を図るものとして位置付けられていることから、これらの制度の活用等とあわせて、居住の状況等を十分に考慮した都市機能の機能確保を考えることが望ましい。

(i)　「日常生活圏域」における都市機能と機能確保の考え方

【確保することが望ましい都市機能】

日常生活圏域には、地域包括ケアシステムの実現を図るため、医療、介護、介護予防、住まい及び自立した日常生活の支援の機能を一体的に確保することが望ましい。また、健康寿命を延ばす健康増進機能や地域交流を促進する交流機能、日常生活を営む上で必要となる商業・公共公益機能を確保することが望ましい。

【機能確保の考え方】

地域包括ケアシステムにおける中核的な機関として総合相談の窓口となる地域包括支援センターや不特定多数の市民が利用する市役所出張所等の行政サービス施設等については、これまで日常生活圏域において中心的な施設となっている商店街や小学校、中学校とともに、集約して一体的に機能確保することが望ましい。

それ以外の各機能については、概ね30分以内でサービスが提供されるよう圏域の中で偏りなく、また、施設相互の連携も念頭に置いて機能確保することが望ましい。また、それらのうち利用者が訪れる施設については、徒歩・自転車または公共交通によるアクセスが確保されていることが望ましい。

図4-4-10：徒歩や自転車で行ける範囲に必要な施設や機能

・内閣府のアンケート調査では、徒歩や自転車で移動できる範囲（日常生活の移動範囲）に必要な施設は「病院、福祉施設」などの医療・福祉機能とともに、「食料品などを販売するスーパー」、「郵便局、銀行」、「学校」などの商業・公共公益機能が多く回答されている。

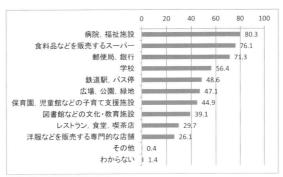

出典：歩いて暮らせるまちづくりに関する世論調査（平成21年）内閣府
（アンケートの対象者：全国の20歳以上、有効回答N=157）

図4-4-11：小中学校に隣接して介護施設を設け、地域の拠点を形成している事例

境港市・米子市（鳥取県）では、小中学校等に隣接して介護施設を設けて一体的に地域福祉ネットワークの拠点を形成することで、住み慣れた地域で高齢者を多面的に支えているほか、世代間の交流が増え、地域のコミュニティの中心としても機能している。

【取組の効果】
・小学校と隣接するなど住み慣れた地域に介護等の拠点を整備することで、地域住民と一体となった地域包括ケアの取組が可能。
・施設機能を地域に展開することによって、施設だけでなく、在宅生活の継続の支援・在宅復帰支援を行い、地域で暮らす高齢者を多面的に支えることが可能。
・職員が積極的に地域と関わることで、地域からの認知度が高まる。
・世代間の交流が増え、地域のコミュニティの中心になる。
・民生委員や地域住民が集まる場となるため、地域の課題やニーズを収集することが可能。
・地域住民と施設の一体感が芽生え、お互いが協力しあえる環境が育つ。

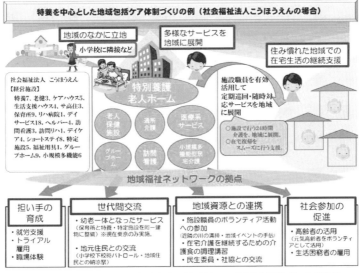

出典：社会保障審議会介護保険部会（第46回　平成25年8月28日）参考資料2

第4章　参考資料

(ⅱ) 「徒歩圏域」における都市機能と機能確保の考え方

【確保することが望ましい都市機能】

　高齢者等が徒歩で移動できる徒歩圏域には、日常生活圏域に確保することが望ましい都市機能のうち、特に利用頻度の高い機能（生鮮品の買い回り施設、利用頻度が高く定期的に通う診療所等）や日々の日課として歩行を促進するような機能（散歩や立ち寄り・交流を促す場等）を確保することが望ましい。

【機能確保の考え方】

　頻繁に人々が集うコミュニティサロンや集会所、放課後児童クラブ等の福祉・交流拠点に係る機能については、これまで徒歩圏域において中心的な施設となっている商店街や小学校とともに、集約して一体的に機能確保することが望ましい。

　それ以外の各機能については、サービスの偏りがないよう、また、施設相互の連携も念頭に置いて、歩行ネットワークに沿って機能確保することが望ましい。

健康・医療・福祉のまちづくりの推進ガイドライン（技術的助言）

図4-4-12：徒歩圏域に市民主体の体操教室の場を配置している事例

　総社市（岡山県）では元気な高齢者と要支援・要介護認定を受けている高齢者が一緒に行う住民運営の体操の集い（いきいき百歳体操）が、公民館や個人宅で定期的に開催されている。平成25年度末現在市内に119会場が誕生し、徒歩圏域内で参加できるようになっている。

【介護予防の取組の変遷】
〈平成12年〉要介護認定の非該当者の受け皿として、「健康づくりの集い」を介護予防教室として実施。（作業療法士・理学療法士・保健師主導、月1回、17会場）
〈平成17年〉小学校区単位で小地域ケア会議を開始。住民・社協・ケアマネ・保険者等の意見交換の場として定着。
〈平成20年〉地域包括支援センター（当時直営）が、小地域ケア会議に働きかけ、各地区で週1回の体操の集い（いきいき百歳体操）が始まる。
〈平成24年〉ケーブルテレビ等の各種媒体で市民に広報した結果、100会場まで増える。

体操教室の様子

| 体操教室の設置密度 | 1.8km²/個所（市域面積212km²÷設置数119） |
| --- | --- |
| 個所あたり高齢者人口 | 約147人/個所（平成26.3月高齢者人口約17,500人÷設置数119） |

出典：社会保障審議会介護保険部会（第47回　平成25年9月4日）資料1
　　　広報そうじゃ　平成25年6月号・平成26年4月号、総社市HP

図4-4-13：徒歩圏域に地域の高齢者等が集う「憩いのサロン」を配置している事例

　武豊町（愛知県）では町・大学・社会福祉協議会が一体となり、住民ボランティアに対してサロン立ち上げやサロン運営に係るボランティアの育成等を支援し、徒歩15分圏内（500m圏内）に1個所を目標としてサロンを設置している。サロンは、住民が主体的に参加し社会活動をする場として機能している。

【介護予防の取組の変遷】
〈平成17年〉町・社会福祉協議会（社協）・大学が協働し、高齢者の参加促進・社会活動活性化を進める目的で「憩いのサロン」の事業計画を開始（平成20年からの町の総合計画に、政策評価の成果指標としてサロン拠点数が盛り込まれる）
〈平成18年〉ボランティア候補者・町・大学とでワークショップや視察を繰り返し行い、各サロンの運営主体となるボランティア組織を形成しつつ、サロンの方向性・運営方法・サロンで実施する内容を固める
〈平成19年〉3会場から始め、500m圏（徒歩15分で通える圏内）にサロンを設置することを目標に順次増設
※平成25年度現在サロン設置数は10個所

サロンでのビンゴゲームの様子

| 平成25年度末現在のサロンの設置密度 | 2.5km²/個所（市域面積25.8km²÷設置数10） |
| --- | --- |
| 平成25年度末現在の個所あたり高齢者人口 | 960人/個所（平成26.3月高齢者人口約9,600人÷設置数10） |

出典：社会保障審議会介護保険部会（第47回　平成25年9月4日）資料1
　　　広報たけとよ　平成26年1月1日・15日合併号、4月1日号

第4章　参考資料

(ⅲ)　相対的に広範囲からの利用が見込まれる都市機能と機能確保の考え方

【相対的に広範囲からの利用が見込まれる都市機能】

　日常的に利用する生活施設と比べて、相対的に広範囲からの利用が見込まれる<u>一般病院や市役所、中央図書館</u>等の各都市機能の拠点的な施設や回復期における<u>リハビリテーション病院</u>、都市の賑わいを創出する<u>商店街や商業施設</u>、青空市場等のイベントが行われる広場等の都市機能については、<u>都市内における公共交通によるアクセス性が高い</u>ことが望ましい。

【機能確保の考え方】

　車の利用に不安を感じる高齢者等の利用を考慮し、<u>施設までのアクセスを公共交通により確保した上で、機能確保する</u>ことが望ましい。さらに、<u>鉄道駅やバス停等から各施設に至るまでの安全な歩行ネットワークを確保する</u>ことが望ましい。

　<u>機能確保の検討にあたっては、中心市街地等既に一定程度の機能集積が進んでいる場所や公共交通によるアクセス性が高い場所への機能確保を優先的に検討し</u>、それらが難しい場合に別の場所での機能確保を検討する手順で進めるとともに、<u>計画段階から公共交通や歩行空間づくりとの連携</u>を図ることが望ましい。

　また、都市の賑わいを創出する施設の周辺には、自動車交通を抑制して面的に歩行者優先となるエリアを確保し、歩行者が集まる空間（イベントや市場等が開かれる広場）を形成することが望ましい。

健康・医療・福祉のまちづくりの推進ガイドライン（技術的助言）

【計画的に確保することが望ましい都市機能と機能確保の考え方】
○「健康・医療・福祉のまちづくり」は、多くの市民が自立的に、また、必要な場合には地域の支援を得て、より活動的に暮らせるまちづくりを目指しており、日常生活圏域等において必要な都市機能の確保や、歩行空間・公共交通ネットワークの充実などを一体的に取り組むことによって、都市構造のコンパクト化を進めることを基本としている。
○日常生活圏域及び徒歩圏域に計画的に確保することが望ましい都市機能については、それぞれの機能確保の考え方に基づき、優先順位等を検討した上で、計画的に確保することが望ましい。
※日常生活圏域：概ね３０分以内に必要なサービスが提供される圏域
※徒歩圏域：高齢者が徒歩で移動できる圏域

| | ①健康機能 | ②医療機能 | ③福祉機能 高齢者等介護福祉機能 | ③福祉機能 子育て支援機能 | ④交流機能 | ⑤商業機能 | ⑥公共公益機能 | 機能確保の考え方 |
|---|---|---|---|---|---|---|---|---|
| 日常生活圏域で提供されることが望ましい都市機能 | ・保健・予防や健康増進のために体を動かす活動ができる機能 | ・日常的な診療や看取りを含めた在宅医療・看護を受けることができる機能<br>・維持期におけるリハビリテーションを受けることができる機能 | ・高齢者が地域で生きがいを持って自立した生活を送れるような住まい方や活動ができる機能<br>・支援が必要な高齢者が介護や見守り・生活支援等のサービスを受け、安心して暮らし続けることができる機能<br>・障がい者が日常生活に必要な支援を受けながら地域で安心して暮らし続けることができる機能 | ・子どもを持つ世代が日々の子育てに必要なサービスを受けることができる機能 | ・高齢者の外出を促進し充実した日常生活を送るため、友人や仲間とのおしゃべりや趣味の活動、地域貢献活動等ができる機能<br>・世代間交流を促進して地域のコミュニティを育むことができる機能 | ・日々の生活に必要な生鮮食品や日用品類の買い回りができる機能 | ・日常生活を営む上で必要となる行政サービスや民間による公益サービスを受けることができる機能 | ・★を付した施設については、日常生活圏域・徒歩圏域における中心的な施設とともに集約して一体的に機能確保（圏域内に同一施設を複数設ける場合は、そのうちの１つを集約して確保）。<br><br>・★を付した施設以外の施設のうち、日常生活圏域に確保するものは、概ね30分以内でサービスが提供されるよう圏域の中で偏りなく、また、施設相互の連携も念頭に置いて機能確保。 |
| | 【施設例】<br>・地区公園<br>・地区運動広場<br>・地区体育館<br>・スポーツジム | 【施設例】<br>・診療所、在宅療養支援診療所（維持期リハビリテーションを含む）<br>・歯科診療所、在宅療養支援歯科診療所<br>・薬局　等 | 【施設例】<br>★地域包括支援センター<br>・介護保険等サービス（在宅系：訪問、通所、小規模多機能など）[注]<br>・高齢者向け住まい（サービス付き高齢者向け住宅等）<br>・障がい者支援施設<br>・福祉作業所 | 【施設例】<br>・保育所、子ども園<br>★子育て支援施設 | 【施設例】<br>・公民館 | 【施設例】<br>・日用品店<br>・商店街<br>・スーパーマーケット | 【施設例】<br>★市役所の出張所<br>★図書館の分所<br>・郵便局、銀行等の出張所<br>★中学校 | |
| うち、徒歩圏域で提供されることが望ましい都市機能 | ・毎日の日課となる散歩・ウォーキングや体操・軽運動を促すことができる機能 | ・利用頻度が高く定期的な診療や処方箋を受けることができる機能 | ・頻繁に人々が集い日常的な交流の場となる機能<br>・介護予防のための活動の場となる機能 | ・保護者が労働等により昼間家庭にいない児童等に遊びや生活の場を提供することができる機能 | ・頻繁に人々が集い日常的な交流の場となる機能 | ・特に利用頻度の高い生鮮品を徒歩で買い回ることができる機能 | ・幼児児童への公的な教育サービスを受けることができる機能 | ・★を付した施設以外の施設のうち徒歩圏域に確保するものは、サービスの偏りがないよう、また、施設相互の連携も念頭に置いて、歩行ネットワークに沿って確保。 |
| | 【施設例】<br>・緑道、遊歩道、<br>・街区公園<br>・近隣公園<br>・体操教室、健康指導教室 | 【施設例】<br>・診療所<br>・歯科診療所<br>・薬局 | 【施設例】<br>★コミュニティサロン（カフェ）<br>・体操教室 | 【施設例】<br>★放課後児童クラブ | 【施設例】<br>・コミュニティサロン（カフェ）<br>★集会所 | 【施設例】<br>・生鮮食料品店<br>・コンビニエンスストア | 【施設例】<br>★幼稚園<br>★小学校 | |
| 相対的に広範囲からの利用が見込まれる都市機能 | ・市町村全域の市民を対象とした健康づくりや健康指導に関する総合的な指導・相談の窓口や活動の拠点となる機能 | ・総合的な医療サービス（二次医療）を受けることができる機能<br>・回復期におけるリハビリテーション（特にまちなかでの歩行訓練等）を受けることができる機能 | ・居宅生活が困難になった高齢者が安心して暮らし続けることができる機能<br>・市町村全域の市民を対象とした障がい者福祉に関する総合的な指導・相談の窓口や活動の拠点となる機能 | ・市町村全域の市民を対象とした児童福祉に関する総合的な指導・相談の窓口や活動の拠点となる機能 | ・市町村全域の市民活動の拠点となる機能<br>・青空市場やマルシェなど屋外の交流イベントを定期的に開催できる機能 | ・様々なニーズに対応した買い物や食事、ウインドウショッピングができる機能 | ・市町村が提供する行政サービスや外出機会を増加させる芸術文化サービスの拠点となる機能<br>・民間が提供する公益的なサービスの拠点となる機能 | ・施設までのアクセスを公共交通により確保するとともに、鉄道駅やバス停等から各施設に至るまでの安全な歩行ネットワークを確保。<br>・中心市街地等既に一定程度の機能集積が進んでいる場所や、公共交通によるアクセス性が高い場所への機能確保を優先的に検討。<br>・都市の賑わいを創出する施設の周辺には、自動車交通を抑制して面的に歩行者優先となるエリアを確保。 |
| | 【施設例】<br>・市町村保健センター<br>・健康増進施設 | 【施設例】<br>・一般病院<br>・回復期リハビリテーション病院 | 【施設例】<br>・介護保険等サービス（入所・入居系）<br>・障がい者総合支援センター | 【施設例】<br>・子育て総合支援センター | 【施設例】<br>・市民センター、市民プラザ<br>・スクエア（マーケット広場、イベント広場） | 【施設例】<br>・商店街<br>・商業施設 | 【施設例】<br>・市役所<br>・中央図書館、文化ホール<br>・銀行、郵便局<br>・博物館、美術館 | |
| 備考 | ・相対的に広範囲からの利用が見込まれる都市機能のうち、入院を主体とした総合病院や特定機能病院など中心市街地等に立地する必要性が低い施設は本手引きでは対象としていない。<br>・また、総合運動場や総合公園など広い土地が必要で中心市街地等に立地することが難しい施設は本手引きでは対象としていない。 | | | | | | | |

※施設例のうち一部のものについては、複数市町村で呼称されている名称を一例として表記している。
[注]介護保険等サービス（在宅系）の提供に係る事業所・施設等の設置にあたっては、その事業所・施設等のサービス提供地域を踏まえ、自治体で策定する介護保険事業（支援）計画と照らし合わせ、適切なサービス提供が可能となるよう努める。

# 第4章 参考資料

(イ) 都市機能を計画的に確保する際の方策

(i) 確保する都市機能の優先順位の検討

少子高齢化に伴い都市財政が逼迫する中で、全ての都市において、必要な都市機能を一度に満遍なく確保することは困難であるため、必要な都市機能の計画的な確保にあたっては、優先順位を検討することが必要である。

優先すべき都市機能の検討にあたっては、現在の状況だけで判断するのではなく、現在から将来に向けた時間軸を考慮することが望ましい。例えば、将来の人口構成分布、将来の高齢化・要介護化、将来の公共交通サービス等を予測し、将来的にも必要となる機能を確保することが望ましい。

また、機能確保後に必要となる維持・管理費用や運営費用等についても考慮した上で優先順位を決定することが望ましい。

(ii) 公的不動産の再編、複合利用や合築、既存施設の有効利用

市街地においては、都市機能を望ましい位置に確保したい場合であっても、新たに土地等を確保することが困難であることが多いことから、地域の状況に適した機能確保を実現するため、地方公共団体が保有する利用効率が低い施設等（例えば小学校の空き教室等）の活用や再編、土地及び建物の複合利用や公共施設との合築、空き店舗・空き家等の既存施設の有効利用について検討することが必要である。これらの土地等の確保に係る初期コストを抑える取組は、民間事業者の立地支援としても有効である。

さらに、保育所や子育て支援施設と介護施設等を一体の土地の区域内に設置したり、公共公益機関に地域交流機能や子育て支援機能を併設したりすることにより、土地の有効活用が図られる上、地域への溶け込みや世代間の交流を生み出すことも可能となる。

このような取組は、地域の特性や状況に応じて様々な施設の組み合わせや形態が考えられるため、地域のニーズに沿って柔軟に対応することが望ましい。

健康・医療・福祉のまちづくりの推進ガイドライン（技術的助言）

図4-4-14：小学校余裕教室や空き店舗を活用したサロン、カフェ等の設置事例

　志木市（埼玉県）で行っている「いきがいサロン」「街なかふれあいサロン」「カフェ・ランチルーム」等の事業では、小学校の余裕教室の活用や空き店舗の活用など既存ストックを利用して高齢者の居場所づくりを進めている。高齢化が他地域と比べて進展している志木ニュータウン等で先行的に実施している。

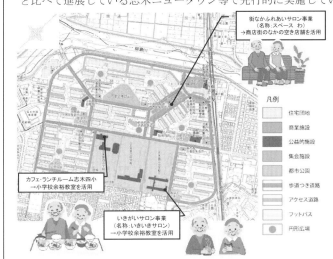

スペース　わ（空き店舗活用）

カフェ・ランチルーム志木四小

いきいきサロン

図4-4-15：地域包括ケアに必要な構成要素をすべて備えた複合拠点の事例

　千葉市（千葉県）の「いなげビレッジ虹と風」では、地域包括ケアシステムの5つの機能「住まい」、「生活支援サービス」、「介護」、「医療」、「予防、看護」を全て備えている。また、高齢者福祉施設や子育て支援、交流施設等が一体的に配置されており、世代間の交流、地域との交流の場づくりを目指している。

施設一覧

| 「虹の街」内の施設（2階建て） | | 「風の村」内の施設（3階建て） | |
|---|---|---|---|
| VAIC コミュニティケア研究所 | 社会福祉相談、子ども一時預かり、地域交流等 | サポートハウス稲毛 | サービス付き高齢者向け住宅 |
| 地域活動スペース虹 | 生活クラブ組合員の活動スペース（地域住民にも有料開放） | ショートステイ稲毛 | ショートステイ |
| 会議室　宙（そら） | 貸会議室 | デイサービスセンター稲毛 | デイサービス |
| 虹の街デポー園生 | 生鮮品・生活用品の販売、宅配 | 介護ステーション稲毛 | 訪問介護 |
| ボナペティ | 惣菜弁当の販売、宅配 | 訪問看護ステーション稲毛 | 訪問看護 |
| カフェ　Cache-Cache | 交流、おしゃべりの場 | あかとんぼ稲毛 | 障がい児童デイサービス |
| 生活サポートクラブ | 福祉用具レンタル等 | 園生診療所 | 一般内科診療 |
| 鍼灸マッサージ院稲毛 | マッサージ施術所 | | |

119

第4章　参考資料

(iii) コミュニティとの協働

　施設の運営に地域のコミュニティが積極的に関与し、世代等を超えて広く市民の施設利用を促すことによって、施設の管理者（事業者）を含む地域のコミュニティにおいて交流が育まれ、地域のコミュニティ活動が促進されたり、施設サービスの質が高まったりするなど多面的な効果が期待できる。このため、施設の利用者、運営者、コミュニティの連携・協働について検討することが必要である。なお、地域のコミュニティが日常生活圏域や徒歩圏域に必要な都市機能の確保・誘致に関与したり、主体的に運営に携わったりする事例は、交流施設や介護施設の地域密着サービス等既に事例が見られる。

---

図 4-4-16：住宅地の住民が自ら NPO 法人となり建設・運営にあたる介護施設の整備事例

　伊勢原市と厚木市（神奈川県）にまたがる愛甲原住宅では、主婦仲間で始めた高齢者のための家事援助サービスの取組をきっかけとしてまちづくりの勉強会を20年近く積上げた。住民が主体となり通所介護施設を建設したり、住民がNPO法人の承認を取得して小規模多機能型居宅介護事業所を開設するなど、住民が協力し合い安心して暮らせる住宅地をつくりあげてきた。施設整備の費用は地域住民に出資を募って調達している。

〈取組の経緯〉

昭和61年　主婦仲間で高齢者のための家事援助サービスを始める

（その後20年近くまちづくり勉強会を継続）

平成15年　通所介護サービス「デイ愛甲原」をオープン

平成17年　小規模多機能型居宅介護事業所を開設するための準備会を立ち上げ、住民による団体が施設を整備運営するためNPO法人として承認を受ける

平成18年　「風の丘」（小規模多機能、ケア付ハウス、配食サービス等の複合施設）が完成

「風の丘」外観

「風の丘」でのデイサービス風景

出典：神奈川の住宅団地・地域における居住支援の取り組み 2011 年度改訂版

健康・医療・福祉のまちづくりの推進ガイドライン（技術的助言）

図 4-4-17：団地建替えを契機とした、自治会とURによる複合施設の誘致事例

　船橋市（千葉県）の高根台団地では、URの団地再生に伴い、自治会とURによる高齢者対策部会を立ち上げて高齢者が安心して暮らせる団地づくりの検討を重ねた。建替えにより生じた土地を活用して事業者を公募し、事業者選定後は部会と事業者がともにワークショップを重ね、サービス付き高齢者向け住宅、小規模多機能、グループホーム等から成る複合施設を造りあげた。

　整備後は施設利用者だけでなく地域住民にとっての交流拠点として機能しており、地域住民等が参加する介護予防の体操教室や生涯学習教室のスペースとして活用されている。

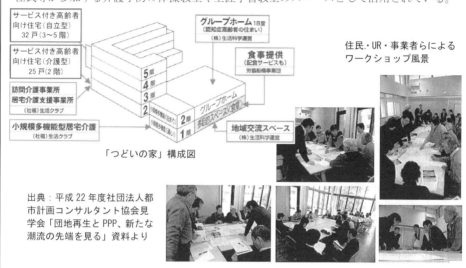

出典：平成22年度社団法人都市計画コンサルタント協会見学会「団地再生とPPP、新たな潮流の先端を見る」資料より

図 4-4-18：介護施設に交流スペースを設けて町内会と連携した活動を行っている事例

　長岡市（新潟県）では、小規模多機能型居宅介護事業所に地域交流スペースを設け、町内会の会議や催しで介護施設を活用するなど町内会との協働により施設を運営している。

【取組の経緯と現状】
・小規模多機能型居宅介護事業所が地域に開かれたものとなるよう取り組みを進めてきたが、当初は地元町内会の理解を得られなかった。
・町内会の祭りで神輿の休憩場所を探していたときに休憩場所として施設を開放したことを契機に、地域との交流が生まれた。
・現在は、町内会と連携して、七夕、ひな祭りや文化祭などのイベントを開催している。
・月1回、摂田屋カフェと称して飲み物やデザートを提供するなど、イベント以外でも立ち寄ってもらえる雰囲気づくりを行っている。

【取組の効果】
・子どもから大人まで、事業所に対する地域住民の理解が得られた。
・町内会の役員会を交流拠点で開催するなど、町内会との関係ができた。
・子どもたちが自然と遊びに立ち寄れる身近な場所となった。

【今後の展開】
・地元住民側から積極的に事業所を使用したいと言ってもらえるような関係づくりを行う。
・将来的には、来館者が自由に使える場を目指す。

出典：社会保障審議会介護保険部会（第46回　平成25年8月28日）参考資料2より

第4章　参考資料

④　街歩きを促す歩行空間を形成する
　(ア)　歩行ネットワークの構築
　　　生活空間から離れた地域に新たなウォーキングロードの整備を行わずとも、街なかの街路空間において、外出の誘因となる生活施設等を沿道に確保したり、緑化等を含めた景観形成等を行ったりすることによって、ウォーキングロードとしての歩行ネットワークを面的に構築していくことが可能である。また、回遊ルートを設定し、歩行を促すための道しるべ等を設置することも考えられる。これらによって、街歩きをしやすい街路空間は、街なかの交流空間としての機能ももたらすものとなる。
　　　また、その際には、高齢者の1回の歩行距離が500m～700mであること等も踏まえ、ベンチ等の休憩施設や水飲場、公衆トイレ等も適切に配置し、歩行行動の連続によって、歩行距離を伸ばせる工夫が必要である。
　　　また、歩行経路の安全性の確保やバリアフリー化は重要であり、特に、高齢者等も安心して歩行できるよう、自動車交通との交錯等を可能な限り避けることが望まれる。このため、例えば、幹線道路に囲まれたエリアについて、周辺道路の交通円滑化を図りつつ、エリア内の生活道路への通過交通の排除や速度抑制を行うことで、歩行者中心の空間づくりを面的に図ることが考えられる。なお、歩行ネットワークにおいて幹線道路を横断する場合には、新たに横断歩道や歩道橋等の設置を行うことが考えられるが、地域の交通状況等によっては、設置が困難であり、迂回が生じることも考えられる。このような場合であっても、市民に対して、歩行時間が長くなることを前向きに捉えて、ネットワークに必要な迂回であることを示すなど、市民が歩きたくなる環境づくりを合わせて行うことも考えられる。
　　　更に、上記の取組の効果を高めるために、幹線道路に囲まれた歩行ネットワークエリア等については、生活道路における歩行者等の安全な通行の確保を目的としたゾーン30の導入、物理的デバイスの設置など、自動車交通の速度抑制などと連携して検討することが適当である。
　　　歩行ネットワークの設定にあたっては、福祉団体等と一緒に実際の経路について、段差や勾配を点検するなど、高齢者や車いす使用者が安全で快適に通行できるネットワークにすることが必要である。また、急坂や踏切など車いす利用者等の通行が困難な箇所はネットワークに含めないなどの配慮が必要である。
　　　また、自転車利用を促進することは、高齢者も含め、日常生活における身体活動の向上や地域交流の拡大に資することから、自転車ネットワークや駐輪スペースなど安全で快適な自転車利用環境の整備を進めることが必要である。
　　　駐車場の立地については、歩行者導線と交錯しない位置に誘導するとともに、また、歩行ネットワーク内にある既存の駐車場についても、規模の縮小等を図り、休憩施設としても使用できる広場空間等に転換することも考えられる。更に、市街地の外縁部に駐車場の集約化を図り、その内部の空間については、公共交通環境や歩行環境を高めることも考えられる。
　　　なお、駐車場を配置する際には、車いす使用者駐車スペースを確保するとともに、車いす使用には至っていない高齢者等も出入口に近い駐車区画が優先利用できるよう「ダブルスペース」を配置することが有効である。
　(イ)　世代を超えて利用される歩行空間づくり
　　　これまでに、児童に対する交通安全対策が進められた通学路は、高齢者の日常散歩等の歩行空間と

しても適していると考えられ、通学路周辺に高齢者の日常利用施設の配置を図ること等によって、世代を超えて利用される歩行空間づくりが適当である。

(ウ) 歩行をサポートするモビリティ等の活用

　買い物等の歩行をサポートするために、地域活動としての付き添いや、歩行支援のための器具、電動車いす等の貸し出し等を行うことも有効である。また、このようなサービスを提供する施設を、公共交通との結節点（バス停等）の周辺に配置することが適当である。

(エ) 歩行を促す仕掛けづくり

　人々が集いやすい公園や広場、サロン等を活用し、継続的なイベント等を実施することは、街を歩くことへのきっかけづくり等として有効である。その際には、まちの回遊を促すよう、地域と連携したイベント等を展開することが効果的である。

第4章　参考資料

図4-4-19：ヘルシーロードの概念

■ 「ヘルシーロード」は、健康・医療・福祉に配慮した歩行者軸であり、歩ける範囲の商業施設や医療・福祉施設などをつなぐ「安心して歩ける歩行空間のネットワーク」の軸を形成する路線。

・ヘルシーロードは、"人が集まり、生活し、コミュニティの軸となる歩行空間"として歩行系ネットワークの主軸を構成すべき空間で、次のような区間が想定される。

〈中心市街地〉
：歩行者交通量の多い商店街やモール、広幅員の歩行者専用道路など（主要動線）
：徒歩でのアクセスが想定される主な施設（主な健康・医療・福祉施設、コミュニティ施設、社寺・公園、公開空地や多目的広場等）と主要動線を結ぶ経路など高齢者等の利用が想定される区間（アクセス動線）

〈自宅周辺の居住地〉
：近隣のバス停、郵便局、スーパー・コンビニ、理髪店、診療所、出張所、自治会館、集会所等への経路（日常生活動線）
：公園周辺等の散策や健康増進のためのウォーキング等に利用される歩行空間（日常生活動線）等

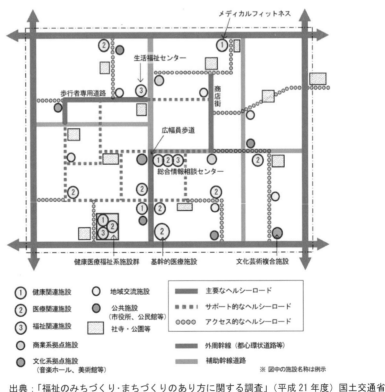

出典：「福祉のみちづくり・まちづくりのあり方に関する調査」（平成21年度）国土交通省

健康・医療・福祉のまちづくりの推進ガイドライン（技術的助言）

図4-4-20：西欧におけるまちなかの歩行者空間事例
　市街地整備と公共交通戦略の両輪による歩行者優先のまちづくりを進める西欧の各都市では、自動車が排除された面的な歩行者空間を確保するとともに市場等が開催されるスクエア（広場）がまちの中心に立地し、多くの歩行者で賑わっている。

〈シュツットガルト（ドイツ）〉

※ピンク色に着色された道路が歩行者空間

市の中心にある歩行者専用道路

青空市場が開かれる歩行者広場

〈フローニンゲン（オランダ）〉

※オレンジ色に着色された道路が歩行者空間

人通りで賑わう歩行者空間の道路

青空市場が開かれる歩行者広場

第4章　参考資料

図4-4-21：にぎわい・交流の創出のための道路空間の活用

- 都市の道路空間の有効活用により、まちのにぎわい・交流の場の創出を図ることを目的に、占用許可基準の特例制度により、道路空間におけるオープンカフェ等の利用が進められている（都市再生整備計画の区域内において道路管理者が指定した区域）
- あわせて、オープンカフェ運営団体による道路環境の一部管理を行っている（民間活力の活用による財政支出を伴わないインフラの管理）

①東京都新宿区（平成24年11月開業）
- まちのにぎわいと魅力的な道路空間の創出を目的として、道路上にオープンカフェと広告板を設置
- 違法駐輪の解消、占用主体における清掃等、道路環境にも関与

②群馬県高崎市（平成24年度社会実験・平成25年4月事業実施）
- 平成24年度にオープンカフェ事業の社会実験を行い、H25年度よりオープンカフェ・コミュニティサイクル事業を実施、カフェの収入を道路維持管理、地域イベント等のまちづくりに還元

コミュニティサイクル事業　　　　オープンカフェ

出典：国土交通省HP

⑤ 公共交通の利用環境を高める
　(ア) 公共交通のサービス水準の向上

公共交通サービスから離れた地域ほど、高齢者の外出行動が制約されている実態等があり、生活の質を高め、健康づくりを支えるためのインフラとしても公共交通の役割は一層大切なものとなる。

利便性の高い公共交通を提供していくためには、都市機能が集積したエリアを結節する公共交通について、地方公共団体と交通事業者とが運行サービスの向上に向けて、運行頻度の向上、定時制や速達性の確保、低床車両の運行等について協定を締結するなど、共通の目標を持って相互に連携した取組を行うことが考えられる。

その際には、公共交通間の乗り継ぎの利便性についても、ハード（バリアフリー環境、施設配置等）、ソフト（運行ダイヤ、乗り継ぎ料金割引等）の両面から利用しやすさを高めることが考えられる。

また、地域住民等が主体となった交通まちづくり活動（公共交通利用に関する啓発活動、市民ワークショップなど）を高めることなどにより、行政、交通事業者、地域住民等が一体となった、公共交通利用促進のための環境づくりを行うことも必要である。また、このような場等を活用し、公共交通が必要な地域における導入方法のあり方（例えば、起伏が多く、高齢者等にとって歩行が困難な地域等）や、地域において利用しやすい路線の設定、料金設定などについての検討を深めることも考えられる。

また、このような活動の一環として、バスの乗降を介助することにより、高齢者や車いす利用者が安心して公共交通を利用し外出しやすい環境を整えることも大切である。

　(イ) 地域のコミュニティ等が主体となった交通サービスの提供

公共交通サービスの提供が困難な地域においては、移動が必要な者を相互に助け合う、地域コミュニティの活動等を支援することによって、公共交通ネットワークを補完する交通サービスとして、都市機能へのアクセスの確保を図ることも考えられる。

　(ウ) 公共交通の待合空間等の整備

バス停の上屋やベンチの設置、バスの運行情報の提供等、公共交通の待合空間を充実することが、利便性を高めるうえで必要である。特にバス停等の周辺部は、都市機能の集積を図ることが効果的であることから、機能立地に伴う沿道建築物の建て替え等を促進するなかで、待合空間を合わせて整備することも考えられる。

(5)「診断」の実施

取組に当たっては、一定の客観的な指標等を用いて、自分たちの都市が他の都市と比較し、何が優れているのか、また、何が十分ではないのかなどを分析、評価すること（診断）は、優先的に取り組むべく施策の立案や、関係者間の共通の取組意識を高めるうえで有効である。

診断の対象としては、

(a) 他都市との都市間比較を行い、自分たちの都市の全体的な傾向を把握するために、都市全域を対象。

(b) 重点的に施策を取り組むことが必要な地域等を検討するために、都市内の地域、地区を対象。

とすることが考えられる。

どちらの場合であっても、関係者間の共通の取組意識を高めるためには、診断結果やその根拠等につい

第4章　参考資料

て、市民やNPO、民間事業者等に対して、視覚的にも分かりやすく開示（見える化）することが必要である。

　また、診断は、各種取組を実行する前の検討段階だけに行うのではなく、施策の実施後も定期的に診断を行うことが必要である。検討段階期と同様に、施策の取組状況と診断結果等についても、市民等に対して分かりやすく開示することが重要である。

　診断を行う際の客観的な指標等として、これまでの検討を踏まえ、別紙「健康・医療・福祉のまちづくり診断指標」（案）を作成している。本診断指標（案）については、街区レベルでの評価指標の設定等も含め、引き続き知見を高め、改善を行っていく予定にしている。

【健康・医療・福祉のまちづくりの診断指標（案）】

| 診断の視点 | | 指標 | データ | 平均値 全国の平均 | 平均値 大都市圏（3大都市圏および政令市を核とする都市圏） | 平均値 40万人以上都市 | 平均値 40万人未満都市 |
|---|---|---|---|---|---|---|---|
| A 都市の基礎的状況を診断する指標 | a 市街地の現況・形状 | 1)市街地のコンパクト度 | ■DID面積率 | 3.4% | 13.1% *1 | 11.6% | 1.4% |
| | | | ■DID人口比率 | 67.3% | 84.4% *1 | 69.1% | 40.8% |
| | b 高齢者の生活と健康状況 | 1)高齢化進展度 | ■65歳以上の人口の割合 | 22.8% | 21.1% *1 | 21.8% | 25.6% |
| | | | ■2025年の65歳以上の推計人口の割合 | 30.3% | 28.2% *1 | 30.4% | 33.8% |
| | | 2)一人暮らし高齢者率 | ■65歳以上の単身者世帯の割合 | 16.4% | 18.1% *1 | 16.7% | 14.2% |
| | | 3)要支援・要介護認定者割合 | ■要支援1〜要介護5の高齢者人口に対する割合 | 18.7% | 18.3% *1 | 21.7% | 18.9% |
| | | 4)平均寿命 | ■平均寿命 | 男79.6歳 女86.4歳 | 79.8 *1 86.3 *1 | 80.2 86.7 | 79.2 86.3 |
| | | 5)健康寿命 | ■健康寿命（右の数値は「日常生活に制限ない期間の平均」/詳細は別冊参考資料2参照） | 男70.4歳 女73.6歳 | — | — | — |
| | | 6)外出率 | ■高齢者の外出率 | 69.5%（平日） | 70.5%（平日）*2 | 66.2%（平日） | 62.9%（平日） |
| | c 都市経営の状況 | 1)医療・介護費 | ■国民健康保険一人あたりの年間医療費 *1 | 315,856円 | 306千円 *1 | 351千円 | 328千円 |
| | | | ■介護保険第1号被保険者一人あたり年間介護費 *1 | 241,584円 | 228千円 *1 | 264千円 | 257千円 |
| | | 2)財政力 | ■財政力指数 | 0.49（平成24年度） | 0.73 *1 | 0.76 | 0.40 |
| B 施策の取り組み状況を診断する指標 | 施策① 住民の健康意識、運動習慣 | 1)健康意識 | ■健康習慣実践者の割合 | 39.4% | — | — | — |
| | | 2)運動習慣 | ■運動習慣者の割合 | 男36.1% 女28.2% | — | — | — |
| | | 3)不健康指数 | ■メタボリックシンドロームとその予備軍の割合 | 26.8% | — | — | — |
| | 施策② コミュニティ活動の活性化 | 1)コミュニティ活動 | ■人口1万人あたりのコミュニティ活動団体 *2 の数 | 8.3団体 | 7.5 *1 | 3.8 | 10.5 |
| | | 2)高齢者の活動 | ■高齢者の就業率 | 20.4% | 20.8% *1 | 18.5% | 20.0% |
| | | 3)コミュニティ活動の拠点 | ■人口1万人あたりの集会施設の数 | 3.9施設 | 1.9 *1 | 1.8 | 7.2 |

※1「国民健康保険一人あたりの年間医療費」では高額療養費、高額介護合算療養費等が含まれるが、「介護保険第1号被保険者一人あたり年間介護費」では高額介護サービス費、高額医療合算介護サービス費、特定入所者介護サービス費は含まれていない（詳細は「参考資料2」を参照）

※2「コミュニティ活動団体」：町内会・自治会以外の自主的な団体による活動（NPO、ボランティアグループ、市民団体、サークル活動等）（平成23年度 都市型コミュニティのあり方とまちづくり方策検討調査 国土交通省都市局 まちづくり推進課官民連携推進室より）

※3「徒歩圏内」：500m以内と設定

第4章　参考資料

| 診断の視点 | 指標 | データ | 平均値 | | | |
|---|---|---|---|---|---|---|
| | | | 全国の平均 | 大都市圏（3大都市圏および政令市を核とする都市圏） | 40万人以上都市 | 40万人未満都市 |
| 施策③ 都市機能の計画的な確保 | 1)健康機能 | ■徒歩圏内※3に公園がない住宅の割合 | 38.8% | 29.0% *1 | 49.0% | 54.5% |
| | 2)医療機能 | ■徒歩圏内※3に医療機関がない住宅の割合 | 39.3% | 28.8% *1 | 36.8% | 57.5% |
| | | ■通院への移動手段における徒歩の割合 | 20.8% | 22.6% *2 | 12.6% | 9.3% |
| | 3)福祉機能 | ■高齢者人口1万人あたりの居宅介護サービス利用者数 | 1,059人 | 1,039人 *1 | 1,230人 | 1,069人 |
| | | ■高齢者人口1万人あたりの地域密着型介護サービス利用者数 | 105人 | 84人 *1 | 156人 | 127人 |
| | | ■年少人口1万人あたりの児童福祉施設数 | 25.3施設 | 20.7 *1 | 22.3 | 32.5 |
| | 4)交流機能 | ■徒歩圏内※3に公民館・集会所がない住宅の割合 | 33.0% | 33.9% *1 | 38.0% | 30.8% |
| | 5)商業機能 | ■買い物への移動手段における徒歩の割合 | 29.4% | 32.2% *2 | 17.2% | 12.5% |
| | 6)公共公益機能 | ■徒歩圏内※3に郵便局・銀行がない住宅の割合 | 47.8% | 40.8% *1 | 47.8% | 59.7% |
| 施策④ 街歩きを促す歩行空間 | 1)歩行空間整備率 | ■歩道整備率 | 14.3% | ー | ー | ー |
| | | ■道路植栽率 | 9.7% | ー | ー | ー |
| | 2)歩行空間の安全度 | ■歩行空間のバリアフリー化率 | 81.4% | 81.6% *1 | 89.5% | 79.9% |
| | | ■人口あたりの歩行者交通事故死傷者数 | 4.9人 | ー | ー | ー |
| 施策⑤ 公共交通の利用環境 | 1)公共交通のサービス水準 | ■公共交通の利便性の高いエリアに居住している住宅の割合 | 67.0% | 73.7% *1 | 61.3% | 56.2% |
| | 2)鉄道利用率 | ■代表交通手段分担率における鉄道の割合 | 22.4%（平日） | 26.2%（平日） *2 | 3.5%（平日） | 2.2%（平日） |
| | 3)バス利用率 | ■代表交通手段分担率におけるバスの割合 | 3.7%（平日） | 3.9%（平日） *2 | 3.4%（平日） | 1.9%（平日） |
| | 4)高齢者の車移動 | ■65歳以上運転免許保有率 | 52.5% | ー | ー | ー |

データ平均値の算出対象とする都市は、全国PT調査の都市類型が、三大都市圏、地方中枢都市圏、地方中核（40万人以上）、地方中核（40万人未満）、地方中心都市であることを踏まえて設定。

平均値算出における三大都市圏は以下の分類で算出

＊1：東京圏（東京都、埼玉県、千葉県、神奈川県）名古屋圏（愛知県、岐阜県、三重県）大阪圏（大阪府、京都府、兵庫県）

＊2：全国パーソントリップ調査による市区単位で「三大都市圏及び地方中枢都市圏」（別冊「健康・医療・福祉のまちづくりの推進ガイドライン(技術的助言)参考資料2」参照）

「平均値(都市規模別)」の「ー」は、市町村単位のデータが公表されていないことを示す。

データ出典・算出方法は別冊「参考資料2」を参照。

(6) 多世代交流等を促すためのパッケージによる取組
　都市、地域における「診断」等を踏まえて、5つの取組については、地域の特性・課題により施策の優先順位を定め、必要な施策の組み合わせを工夫することが必要である。
　また、その際には、地域において多世代の交流等がより高まるよう、施策間の連携を高め、一体的なパッケージとして取り組むことが大切である。
　このため、パッケージ化の検討においては、イベント等のソフト施策、空間的な設えや施設運営方法の工夫なども含め、地域や関係者とのコミュニケーションを丁寧に重ねながら、多面的な検討を深めていくことが必要である。
　これらにより、地域の世代間交流、社会参加が促進され、高齢者のみならず、各世代や障がい者にも暮らしやすいまちが形成されることが期待される。
　その場合、健常者と障害者との協働を進めるといった視点も重要である。また、地域における取組を通じて、住民のノーマライゼーションに対する意識を高めていくことも必要である。
　このような地域では、安心して暮らし、誰しもが地域の中で老い、安らかに最期を迎えることができるようになることが期待される。

第4章　参考資料

【パッケージ施策の考え方】

(第1ステップ)：地域の特性・課題により施策の優先順位を定め、必要な施策の組み合わせを工夫することが必要である。
- 都市・地域の診断評価(ダイアグラムによる評価)により、当該地域にとって必要とされる施策の優先度を判断（図イ）
- 優先施策（この場合は②＋⑤）を基本に、③及び、①＋④の施策のパッケージ化を検討（図ロ）

(図イ)ダイアグラムによる評価　　(図ロ)施策の優先度の判定と組み合わせのイメージ
　　　(施策②⑤を重視、優先化)　　　(診断評価をもとに②＋⑤を優先に取り組みをはかり、③、①＋④を考慮したパッケージ施策を検討)

①：健康意識・運動習慣
②：コミュニティ活動の活性化
③：都市機能の計画的確保
④：歩行空間
⑤：公共交通利用環境

(第2ステップ)：複数のライフステージの課題と対応するパッケージ施策化の工夫が効果的である。
- たとえば、子育て世代と高齢者等、複数の世代間に対応する取り組みの施策のパッケージ化の工夫

〈取り組み施策のパッケージ化のイメージ〉

| | | ① | ② | ③ | ④ | ⑤ |
|---|---|---|---|---|---|---|
| 小学生から高校生（7～18歳） | | | ○ | | | ○ |
| 社会人（～64歳） | | | ○ | ○ | | ◎ |
| | 子育て世代・主婦 | ○ | ◎ | ○ | ○ | ○ |
| 健常な前期高齢者（65～74歳） | | ○ | ◎ | ○ | ○ | ◎ |
| 後期高齢者（75歳～） | 要支援1～2 | | ◎ | | | ◎ |
| | 要介護1～2 | | ○ | | | |
| | 要介護3～5 | | ○ | | | |
| 治療・リハビリテーション者 | 入院回復期 | | | | | |
| | 自宅維持期 | | ○ | | | ○ |

(凡例)
■：優先的に取り組む項目
◎：主なターゲット
○：関連するターゲット

健康・医療・福祉のまちづくりの推進ガイドライン（技術的助言）

健康・医療・福祉のまちづくりにおける取り組み施策の例

| ライフステージ | 課題 | 対応方向 | 取り組み施策と留意事項 | | | | |
|---|---|---|---|---|---|---|---|
| | | | ①健康意識・運動習慣 | ②コミュニティ活動の活性化 | ③都市機能の計画的確保 | ④歩行空間 | ⑤公共交通利用環境 |
| | | | ・健康意識・運動習慣の向上 | （ア）高齢者のコミュニティ活動への参加のしやすさの醸成<br>（イ）多様な主体の連携<br>（ウ）コミュニティ活動等地域の拠点づくり<br>（エ）コミュニティビジネスの活用 | （ア-1）日常生活圏域における都市機能と居住を誘導する都市構造の考え方<br>（ア-2）徒歩圏域における都市機能と機能配置の考え方<br>（ア-3）相対的に広範囲からの利用が見込まれる都市機能と機能配置の考え方<br>（イ）福祉する都市機能の吸引力、複合化や公的不動産の再編、既存施設の有効活用<br>（ウ）コミュニティの活動 | （ア）歩行ネットワークの構築<br>（イ）世代を超えて利用される多様な歩行ネットワークの空間整備<br>（ウ）歩行をサポートするモビリティ等の活用<br>（エ）歩行を促す仕掛けづくり | （ア）公共交通のサービス水準の向上<br>（イ）地域のコミュニティ等が主体となった交通サービスの提供<br>（ウ）公共空間の待合空間等の整備 |
| 小学校から高校生（7～18歳） | ○病気等緊急時への対応<br>○地域コミュニティの関係希薄の懸念<br>○通学時の交通安全 | ○病院等急診システムの充実<br>○地域コミュニティ活動への参加<br>○安全な通学路等の確保 | ■学習の一環として健康意識、運動習慣に関する指導 | ■地域コミュニティ活動やイベント等への参加の仕組みづくり | ■コミュニティ（児童等）、世代間交流、機能の確保 | ■学校、公園、広場等をつなぐ通学路等の歩行ネットワークの空間整備<br>■通学者道路等の排除と整備<br>■自転車利用環境の整備 | ■バス待ち環境の整備 |
| 社会人（～64歳） | ○健康・運動習慣意識の欠如<br>○マイカーを主とする移動手段<br>○歩行行動習慣の弱まり | ○習慣としての健康・運動効果の周知<br>○日常的に広範囲からの生活環境（ソフト・ハード）づくり | ■歩行行動と健康維持の関連性の認知<br>■習慣についてのイベント・シンポジウム等の実施（ソフト・ハード）の認知 | ■地域コミュニティ活動の担い手としてイベント等への参加・協力<br>■地区企画の活動等地域の福祉の活動への参加・協力 | ■健康（健康寿命延伸）、医療、福祉（障がい者福祉）、交流、商業、公共公益機能の確保 | ■自助重交通コントロール及び歩行系ネットワークの構築<br>■自転車利用環境の歩行者優先化 | ■マイカー依存を減らすための意識醸成<br>■コミュニティバス、デマンド交通の利用改善<br>■バス待ち環境の整備 |
| 子育て世代・主婦 | ○安全・安心な子育て生活環境の不備<br>○自らの健康・運動習慣の不足 | ○地域で子育てができる生活環境（ソフト・ハード）づくり<br>○自ら健康・運動習慣が可能となる健康教室の開催 | ■継続的な運動が可能となる健康教室の開催 | ■地域の活動的に参加できる仕組み・体制づくり | ■（上記に加えて）福祉（子育て支援）、機能の確保 | ■安全・安心な生活道路整備 | |
| 健常な高齢者 | ○運動習慣の減少<br>○自宅への引きこもり、孤独化<br>○転倒リスクの増加 | ○日常的な健康・運動習慣の効果の認知のためのPR<br>○外出機会の創出、地域との交流、参加機会の整備<br>○自宅周辺を中心とした歩行空間づくり | ■運動習慣と歩行行動が健康長寿と効果的であることのPR | ■コミュニティによる自立的な生活を送るための支援<br>■コミュニティ活動に参加しやすい工夫・仕組みづくり<br>■介護予防・日常生活支援の取り組み支援 | ■健康（介護予防、介護）、医療、福祉（老人福祉）、住宅、交流、商業機能の確保 | ■生活圏における歩きやすい環境の整備<br>■歩行の付添、介助、介護<br>■生活支援器具等の貸出 | ■マイカー依存しないで遠距離外出ができる公共交通の利便性の向上・改善<br>■公共交通利用サポート<br>■移動が必要な人を相互に結ぶ地域コミュニティ交通まちづくり活動 |
| 要支援・要介護認定者 要支援1～2 | ○在宅で高頻度かつ介護や看護サービスが必要 | ○訪問介護、看護・福祉サービスシステムの充実<br>○通所施設の自動車送迎 | ■自力的行動を促すことで健康度を改善 | ■コミュニティからの支援による外出や外出行動等への意欲を促す地域の活動 | ■医療、福祉（介護）、住宅、交流機能の確保 | ■自力的行動や外出がしやすい歩行環境の整備<br>■歩行の付添、介護、介助<br>■介護施設による送迎 | ■外出意欲を促す利用しやすい公共交通の改善<br>■公共交通利用サポート |
| 要介護1～2 | | | | | | | |
| 要介護3～5 | | | | ■コミュニティより在宅福祉システムを受けられる住環境（ソフト・ハード）づくり | ■医療、福祉（介護）（住宅機能）の確保 | ■介護施設による送迎 | |
| 治療・リハビリテーション者 入院回復期 | ○入院治療後の歩行回復治療が必要 | ○まちなかのリハビリ活動は身体能力の回復に効果的である | ■まちなかのリハビリ活動は身体能力の回復に効果的であることの認知 | | ■医療（回復期リハビリテーション）機能の確保 | ■自力的行動や外出がしやすい歩行環境の改善 | ■外出意欲を促す利用しやすい公共交通の改善 |
| 自宅療養維持期 | ○在宅や通院治療が受けられる環境が必要 | ○自宅周辺の散歩は身体能力の回復に効果的である<br>○自宅周辺のネットワークできる公園、緑地、広場の整備（ヘルシーロード） | ■自宅周辺の散歩は身体能力の回復に効果的であることの認知<br>■ふれあい、参加は身体能力の回復に効果的であることの認知 | | ■医療（維持期リハビリテーション）機能の確保 | | |

133

第4章　参考資料

## 小学校の余裕教室の活用による高齢者と児童の交流空間の整備　【埼玉県志木市】

### ○カフェ・ランチルーム志木四小の取組

[取組のきっかけ]
- 高齢化率の高い館地区内にある志木第四小学校の大規模改修にあわせて、学校給食を提供しながら、介護予防事業などを行う新たな交流の場として整備した。

■教室再利用のランチルームによる高齢者の外出機会の創出
- 志木第四小学校の余裕教室を活用し、学校給食の提供を行い、前後の時間に専門職員による口腔指導や健康体操、その他様々な介護予防事業を実施している。
- 高齢者同士の交流を深めるとともに、介護予防や高齢者の見守り、閉じこもり防止を図っている。

「カフェ・ランチルーム志木四小」

|  | 実施回数 | のべ参加人数 | 平均参加人数 |
|---|---|---|---|
| 平成24年度 | 237回 | 3,840人 | 16.2人/回 |
| 平成25年度 | 244回 | 5,684人 | 23.3人/回 |

### ○いきいきサロンの取組

[取組のきっかけ]・地域の高齢者が趣味を楽しみ、コミュニケーションを深め、また児童とのふれあい交流を図り、社会参加を促進するため整備した。

■教室利用の交流空間
- 志木第二小学校の余裕教室を活用し、高齢者の社会参加を促す憩いの場の創出や、高齢者間の連帯・コミュニケーションの活発化、いきがいのある生活の支援を図っている。また、小学校内という立地環境を活かし、児童と高齢者の交流促進を図っている。
- 児童と高齢者の交流は、スポット的な行事＊を行う他に、小学校の授業の休憩時間に児童が訪問することにより、ふれあい交流が行われている。

「いきいきサロン」志木第二小学校教育福祉ふれあい館

＊交流行事：「ふれあい祭り」どんぐりゴマ、折り紙で図形を描く等
　　　　　　「昔あそび」メンコ、お手玉、けん玉等

|  | 開館回日数 | のべ参加人数 | 平均参加人数 |
|---|---|---|---|
| 平成24年度 | 299日 | 11,089人 | 37.1人/日 |
| 平成25年度 | 246日 | 7,938人 | 32.3人/日 |

【施策内容】
① ：健康意識・運動習慣
② ：コミュニティ活動の活性化
③ ：都市機能の計画的確保
④ ：歩行空間
⑤ ：公共交通利用環境

【施策のねらい目・期待される効果】
- 児童と高齢者のふれあい
- 高齢者の外出機会の増加と歩行距離の延長
- 地域コミュニティ、NPOによるまちづくり支援、地域コミュニティの強化

|  |  | ① | ② | ③ | ④ | ⑤ |
|---|---|---|---|---|---|---|
| 小学生から高校生（7～18歳） |  | ○ |  |  |  |  |
| 社会人（～64歳） |  |  |  |  |  |  |
|  | 子育て世代・主婦 |  |  |  |  |  |
| 健常な前期高齢者（65～74歳） |  | ○ | ○ | ○ |  |  |
| 後期高齢者（75歳～） | 要支援1～2 |  | ○ |  |  |  |
|  | 要介護1～2 |  |  |  |  |  |
|  | 要介護3～5 |  |  |  |  |  |
| 治療・リハビリ者 | 入院回復期 |  |  |  |  |  |
|  | 自宅維持期 | ○ | ○ | ○ |  |  |

担当課：志木市高齢者ふれあい課

健康・医療・福祉のまちづくりの推進ガイドライン（技術的助言）

## 商店街の空き店舗の活用による高齢者交流サロンの整備　　【埼玉県志木市】

### ○ふれあいサロン「スペース・わ」の取組

[取組のきっかけ]
- 空き店舗を活用して、「1日誰とも話をしなかった」という日がないよう、散歩の途中などに気軽に立ち寄れ、楽しく集える高齢者の居場所づくりとして整備した。

■近隣住民のボランティアにより高齢者の外出を促す交流サロンを運営
- ペアモール商店街の空き店舗を活用し、高齢者のゆるやかなたまり場として、お話しや相談ができるスペースとしている。
- 運営はボランティアグループ「ダリアの会」が行っている。（近隣居住の主婦等が、ボランティアで参加支援）
- 空き店舗の改装費及び賃料の一部について、行政から支援され、利用者は有料（100円/1回）として運営経費に充当している。(その他に賛助会員からの寄付（一口500円/年）を受けている)
- 利用者は70歳代が多いが50～60歳代や90歳の人なども来る。
- 利用者の8割は地区内（志木NT内）在住、ほとんどが徒歩で来る。
- ひとり住まいや家族と住んでいても昼間は一人になる人が多く来る。
- 来館し、話をすることでストレスが解消されている。（利用者、スタッフの感想より）

ペアモール商店街と「スペース・わ」

- 開設初年度（平成21）に施設整備費、運営費として国1/2、県・市1/4ずつ補助（空き店舗対策費）、平成22年度からは志木市より運営委託費として家賃・光熱費相当分が支給（支え合いまちづくり推進事業）

ボランティアによるスタッフが、訪れる人と会話をする。

|  | 開館回日数 | のべ参加人数 | 平均参加人数 |
|---|---|---|---|
| 平成24年度 | 260日 | 3,832人 | 14.7人/日 |
| 平成25年度 | 259日 | 3,396人 | 13.1人/日 |

### 【施策のねらい目・期待される効果】

- 高齢者の外出機会の増加
- 地域コミュニティ、NPOによるまちづくり支援、地域コミュニティの強化

|  |  | ① | ② | ③ | ④ | ⑤ |
|---|---|---|---|---|---|---|
| 小学生から高校生（7～18歳） | | | | | | |
| 社会人（～64歳） | | | | | | |
| | 子育て世代・主婦 | | | | | |
| 健常な前期高齢者（65～74歳） | | ○ | ○ | ○ | | |
| 後期高齢者（75歳～） | 要支援1～2 | ○ | ○ | ○ | | |
| | 要介護1～2 | | | | | |
| | 要介護3～5 | | | | | |
| 治療・リハビリ者 | 入院回復期 | | | | | |
| | 自宅維持期 | ○ | ○ | ○ | | |

【施策内容】①：健康意識・運動習慣
②：コミュニティ活動の活性化
③：都市機能の計画的確保
④：歩行空間
⑤：公共交通利用環境

担当課：志木市高齢者ふれあい課

第4章　参考資料

撤退した大型商業店舗を活用した市民交流、健康拠点施設の整備【新潟県見附市】

## ○ネーブルみつけの取組

### ［取組のきっかけ］
- 市の中心部からスーパーマーケットが撤退したことを受け、建物を見附市が買収し、市民活動・交流の拠点「ネーブルみつけ」として整備した。

### ■多世代の住民が集まり交流するにぎわいの促進
- 施設整備は行政主体で行い、子どもから高齢者まで多世代の利用を想定した多機能施設である。

ネーブルみつけ

- 施設内には市民活動・交流の場として利用できる団体活動室や多目的広場・市民交流サロン・誰でも自由に使える学習室、健康づくりセンター・子育て支援センターなどの行政サービス機能や喫茶コーナー・特産品販売のみらい市場などがある。
- 「まちの駅」も設けられており、市内外の来館者に情報提供を行い、市内の「まちの駅」40駅と「まちの駅ネットワークみつけ」を組織してまちの活性化を図っている。
- 市街地内の主要施設を連絡するをコミュニティバスの停留所やレンタサイクル貸し出しステーションも設置されており、ウォーキングコース「健康づくりロード」の発着地ともなっていることから、市民の交流と健康づくりを促進する拠点(中心＝へそ＝ネーブル)としての機能を有している。

施設内物産品店

- 災害時においては、救援物資の受入・供給基地になったり災害ボランティアセンターが開設されるなど被災者・被災地支援の拠点としての役割も果たしている。

### ■市民の健康年齢維持をはかる健康・運動習慣の促進
- 当施設の整備により、高齢者の利用促進とともに、健康な高齢者の増加傾向がみられる。（平成19年度における医療費抑制効果約10万円/人）
- 平成20年には「健康の駅」の認証も受けている。

施設内運動教室

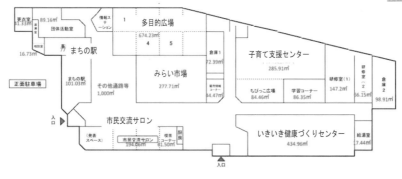
施設平面図

健康・医療・福祉のまちづくりの推進ガイドライン（技術的助言）

・年間の来館者数は概ね増加傾向であり、交流の場として、各団体サークルの学習施設等、市民だけでなく市外の人達からも多目的に利用されている。

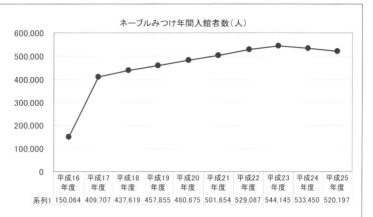

ネーブルみつけ年間入館者数（人）

| | 平成16年度 | 平成17年度 | 平成18年度 | 平成19年度 | 平成20年度 | 平成21年度 | 平成22年度 | 平成23年度 | 平成24年度 | 平成25年度 |
|---|---|---|---|---|---|---|---|---|---|---|
| 系列1 | 150,064 | 409,707 | 437,619 | 457,855 | 480,675 | 501,654 | 529,087 | 544,145 | 533,450 | 520,197 |

【施策のねらい目・期待される効果】
・多世代間の交流の促進
・高齢者の外出機会の増加
・地域のにぎわいの創出
・地域コミュニティ、NPOによるまちづくり支援、地域コミュニティの強化

| | | ① | ② | ③ | ④ | ⑤ |
|---|---|---|---|---|---|---|
| 小学生から高校生（7～18歳） | | | | | ○ | ○ |
| 社会人（～64歳） | | ○ | ○ | | ○ | ○ |
| | 子育て世代・主婦 | | ○ | ○ | ○ | ○ |
| 健常な前期高齢者（65～74歳） | | ○ | ○ | | ○ | ○ |
| 後期高齢者（75歳～） | 要支援1～2 | | ○ | ○ | | |
| | 要介護1～2 | | | | | |
| | 要介護3～5 | | | | | |
| 治療・リハビリ者 | 入院回復期 | | | | | |
| | 自宅維持期 | ○ | ○ | ○ | | |

【施策内容】
①：健康意識・運動習慣
②：コミュニティ活動の活性化
③：都市機能の計画的確保
④：歩行空間
⑤：公共交通利用環境

担当課：見附市建設課

第4章　参考資料

```
地域密着型サービス事業所等の計画的な整備とコミュニティ施策の連携
                                            【福岡県大牟田市】
```

## ○地域密着型サービス事業所等の計画的整備の取組

[取組のきっかけ]
- 地域密着型サービス事業所の整備により、利用者と地域との関係が薄れないようにするため、交流施設を併設し、地域住民が立ち寄れる環境を形成し、従来と同じような生活が送れることを目指して取組が行われた。地域密着サービスを展開する上で、地域との関係は不可欠であり、地域の人が集まるスペースを設けることによる地域関係の深まりを期待した。

### ■地域密着型サービス事業所等の計画的な整備とコミュニティ施策との連携

- 大牟田市では、地域密着型サービス事業所の計画的配置方策として、1年間の整備分の補助選定と併せ、公募形式で選定を行っている。(年間に整備する施設の種類と数を提示、整備地域は市内全域が対象)
- 公募時の条件として、「介護予防拠点・地域交流施設」を併設するという独自基準を設け、公募条件としている。
- 「介護予防拠点・地域交流施設」の内容について、介護予防事業の実施、施設の開設日・時間条件、施設形態の条件、人員配置の条件も示している。

※小規模多機能型事業所については、募集地域として、4つの小学校区内を指定
併せて、既存の事業所から概ね半径 500m以外の地域としている（平成25年度募集要項）

※行政からの支援内容
ハード整備：国・県からの施設整備補助金（介護基盤緊急整備補助金（福岡県）上限 750万円）
ソフト施策：平成 20～23 年に介護予防の普及啓発及び介護予防事業を行う「地域交流拠点活動支援事業」を実施（委託費 100 万円～200 万円）

※平成18年度より公募選定を実施、現在40箇所の地域交流施設が開設
介護事業所に交流施設があることで、地域住民からの事業所へのイメージアップにもつながっている。

## ○地域コミュニティと連携した施設運営の取組

[取組のきっかけ]
- 地域密着サービスを実施することは、利用者だけでなく、地域に対しても事業所の役割があると考え、地域の中のリーダーを始め、地域のまとめ役となることも期待し、取組が行われた。

### ■地域コミュニティと連携した施設運営の推進

- 交流施設は身近な公民館として地域住民にも利用され情報交換が行われており、地域と介護福祉事業所との連携が緊密になっている。
- 各施設の運営推進会議を交流施設で開催し、地域住民や市職員、地域包括職員も参加することで、地域課題についてのスムーズな解決を図っている。

大牟田市内の施設の整備状況

健康・医療・福祉のまちづくりの推進ガイドライン（技術的助言）

地域コミュニティによる運営会議

【施策内容】①：健康意識・運動習慣
②：コミュニティ活動の活性化
③：都市機能の計画的確保
④：歩行空間
⑤：公共交通利用環境

【施策のねらい目・期待される効果】
・高齢者の外出機会の増加
・地域コミュニティによるまちづくり支援、地域コミュニティの強化

|  |  | ① | ② | ③ | ④ | ⑤ |
|---|---|---|---|---|---|---|
| 小学生から高校生（7～18歳） | |  |  |  |  |  |
| 社会人（～64歳） | |  | ○ |  |  |  |
|  | 子育て世代・主婦 |  | ○ |  |  |  |
| 健常な前期高齢者（65～74歳） | | ○ | ○ | ○ |  |  |
| 後期高齢者（75歳～） | 要支援1～2 | ○ | ○ | ○ |  |  |
|  | 要介護1～2 |  |  |  | ○ |  |
|  | 要介護3～5 |  |  |  |  |  |
| 治療・リハビリ者 | 入院回復期 |  |  |  |  |  |
|  | 自宅維持期 | ○ | ○ | ○ |  |  |

担当課：大牟田市長寿社会推進課

第4章　参考資料

公共交通及び自転車で移動しやすく快適に歩けるまちづくり条例の制定を軸とした、まちなか魅力拠点・歩行空間再生と公共交通の整備　　【新潟県新潟市】

## 〇条例の制定を軸とした取組

### [取組のきっかけ]

- 超高齢社会や健康づくり、まちなかの活性化等の社会環境の変化に対応すべく、「公共交通や自転車で移動しやすく快適に歩けるまちづくり」を目指し、市民と目的を共有するための条例を制定

### ■公共交通及び自転車で移動しやすく快適に歩けるまちづくり条例の制定（平成24.7）

- 自動車の過度な利用からの転換を図り、健康で暮らしやすい社会の実現を目指すことを目的に、「移動しやすいまちづくり基本計画」を策定し、以下の施策を総合的・計画的に推進する。

＜条例に位置づけられた主な施策＞
歩行環境の整備、地域住民・団体と協働したまち歩きの推進、自転車環境の整備、公共交通の環境整備・利用促進、意識の啓発等

### ■個々の事業を「まちなかの歩行者増加」という目的のもとに推進

- 健康意識・運動習慣の啓発に向けた車利用の抑制と歩行意欲の増加。（ソフト施策）
  ＊ノーマイカーデーの実施、企業参加型エコ通勤の実施（自転車貸与）、ウォーキングイベント・健康教室の開催、等

- まちなかを歩く人を増やしていくため、まちの魅力づくりと、歩行空間創出事業を展開。（ソフト＋ハード）
  ＊NIIGATAショップデザイン賞事業によるまちなかの魅力向上・まち歩きの促進、ライジングボラードによる中心商業地の歩行者空間化（全国初）、道路空間の再構築による堀再生（せせらぎ水路）及び歩行空間創出、等

- 公共交通の維持・強化のためのバス路線の再編や利用のきっかけづくり（料金半額社会実験等）
  ＊都心部におけるBRT導入とバス路線再編、区バス・住民バス運行による地域内交通の確保、新潟駅～古町間のバス運賃100円社会実験、高齢者おでかけ支援、等

- 自転車利用環境を整備し、自転車利用促進を図る（主にハード整備）
  ＊新潟島一周自転車道の整備（次頁図/愛称「ぐるりん新潟島」L=15km）、中心市街地における駐輪場整備、自転車通行帯の整備

新潟駅～古町間のバス運賃100円社会実験（土、日、祝日/通常時200円の区間）

健康・医療・福祉のまちづくりの推進ガイドライン（技術的助言）

新潟島一周自転車道の整備

■取組の効果（まちなか歩行者増加関連事業、公共交通社会実験）

※まちなか（古町地区）歩行者交通量の増加
・バス料金値下げ社会実験（新潟駅・古町間100円、高齢者半額）の前後において、これまで減少していた歩行者数が増加（平成23年：7110人、平成24年：8457人（古町通7地点・日中9時間あたり人数））

※高齢者のバス利用、歩行行動の増加
・高齢者おでかけ支援社会実験（ICカード利用でバス運賃を半額割引）モニター調査によるバス利用の頻度（バスを毎日・週2～3回利用：実験前53%→実験後62%、移動範囲・歩く機会とも増加したとする人が56%）（n=334）

【施策内容】①：健康意識・運動習慣
　　　　　　②：コミュニティ活動の活性化
　　　　　　③：都市機能の計画的確保
　　　　　　④：歩行空間
　　　　　　⑤：公共交通利用環境

【施策のねらい目・期待される効果】
・高齢者の外出機会の増加
・日常における身体活動量（歩行数）の増加
・地域のにぎわいの増加
・地域コミュニティ、NPOによるまちづくり支援、地域コミュニティの強化
・公共交通の利用促進

|  |  | ① | ② | ③ | ④ | ⑤ |
|---|---|---|---|---|---|---|
| 小学生から高校生（7～18歳） | |  |  |  |  |  |
| 社会人（～64歳） | |  | ○ | ○ | ○ |  |
|  | 子育て世代・主婦 | ○ | ○ | ○ | ○ | ○ |
| 健常な前期高齢者（65～74歳） | | ○ |  | ○ | ○ | ○ |
| 後期高齢者（75歳～） | 要支援1～2 |  |  |  | ○ | ○ |
|  | 要介護1～2 |  |  |  |  |  |
|  | 要介護3～5 |  |  |  |  |  |
| 治療・リハビリ者 | 入院回復期 |  |  |  |  |  |
|  | 自宅維持期 | ○ |  |  | ○ | ○ |

担当課：新潟市都市計画課

第4章　参考資料

## 小学校跡地を活用した保健福祉センターと介護予防・健康複合拠点の整備
【富山県富山市】

### ○保健福祉センター等整備の取組

[取組のきっかけ]
- 新規施設の設置時期と小学校跡地利用の必要性、旧施設の老朽化が時期的に一致したため整備が実現した。

■行政と民間事業者が連携・協同による健康・福祉拠点の整備・運営

- 富山市は、小学校跡地を活用し、「富山市中央保健福祉センター」「富山市角川介護予防センター」を整備している。
- 施設整備を市が行い、指定管理者制度により民間事業者が運営している。(公設民営方式)
  ＊多機能温泉プールや温泉療法室に利用した温泉施設は、施設整備時に掘削したもの

「富山市中央保健福祉センター」
「富山市角川介護予防センター」

※利用者実績

|  | 平成23年度 | 平成25年度 |
|---|---|---|
| 角川介護予防センター | 28,593人 (106人/日) | 68,823人 (190人/日) |
| 中央保健福祉センター | 18,009人 (67人/日) | 25,387人 (104人/日) |

( )は開館日あたりの平均利用者数

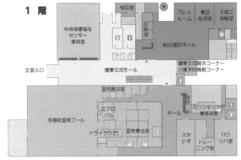

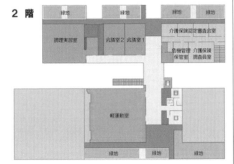

施設館内図

【施策のねらい目・期待される効果】
- 高齢者の生活の質の向上と健康寿命の延伸
- 市民が介護予防等に取り組む拠点施設として、中心市街地の魅力を高める。

【施策内容】
①：健康意識・運動習慣
②：コミュニティ活動の活性化
③：都市機能の計画的確保
④：歩行空間
⑤：公共交通利用環境

|  |  | ① | ② | ③ | ④ | ⑤ |
|---|---|---|---|---|---|---|
| 小学生から高校生（7～18歳） |  |  |  |  |  |  |
| 社会人（～64歳） |  |  |  |  |  |  |
|  | 子育て世代・主婦 |  |  | ○ |  |  |
| 健常な前期高齢者（65～74歳） |  | ○ | ○ | ○ | ○ |  |
| 後期高齢者（75歳～） | 要支援1～2 | ○ | ○ | ○ | ○ |  |
|  | 要介護1～2 |  |  |  |  |  |
|  | 要介護3～5 |  |  |  |  |  |
| 治療・リハビリテーション者 | 入院回復期 |  |  |  |  |  |
|  | 自宅維持期 |  |  |  |  |  |

担当課：富山市長寿福祉課

## まちなかの古民家を活用した社会福祉法人による交流施設の整備
【滋賀県大津市「地域交友センター老いも若きも」】

### ○地域交友センター「老いも若きも」の取組

[取組のきっかけ]
- 平成12年の介護保険法施行により、社会福祉法人真盛園も転換期を迎え、地域に対する役割を考える中、まちなかの古民家の処分について家主からの相談があり、滋賀県が企画した後述の事業との意義の一致から取り組まれた。

■特別養護施設とまちなか交流施設の整備・運営
- 特養施設「真盛園」（市街地からはずれた地区にある）を運営する社会福祉法人が市街地のまちなかに民間施設（古民家）を借り上げ、住民が活動・交流する施設「老いも若きも」を整備。
- 滋賀県による「あったかほーむ事業」を活用し、築85年の家の良さを活かし、水回りのみ一部改修して利用。（改修費約700万円に対し、県2割・市1割負担）
- 初年度より3年間はコーディネーター配置補助金あり（3年間で計約270万円）

築85年の古民家を活用した施設

児童と高齢者の交流も行われる

■まちなか交流施設の運営
- 「老いも若きも」は誰がきても良い施設であり、管理者として退職した学校の先生を雇ったことで、地域の児童や高齢者が来ている。（コーディネーターとして2名を常駐）
- また、特養に入所している高齢者が昼間当施設へ出かける（逆デイサービス）等が行われている。
- 平日昼間の利用料は無料、飲食や風呂、夜間や休日の利用のみ有料であり、利用者の約8割がリピーター。

子育て支援も図られている（ベビーマッサージ）

■イベント等の開催による高齢者や障がい者と住民との交流促進
- 平成24年度の年間イベント数は62回、「手芸教室」「音楽交流会」「健康教室」「ベビーマッサージ」等が行われている。
- 「音楽交流会」では、毎月1回、特養施設「真盛園」入所者と地域住民とが音楽を通じて交流する。

### 第4章 参考資料

- 「健康教室」は、特養施設スタッフのノウハウを活かした健康維持のための体操や相談等が行われる。

■ **年間利用者数は5000人強、5割が高齢者だが子どもの利用が1〜2割**
- 年間5000人強の利用者がある。（約8割がリピーター）
- 利用者のおよそ5割が高齢者であるが、子どもの利用者が1〜2割、子育て世代等の利用者が3割程度となっている。
- 近年子どもの利用者が減少傾向であり、高齢者の利用者が増加している。

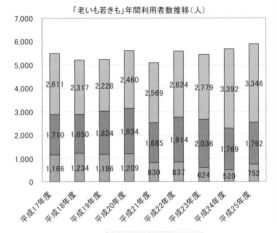

「老いも若きも」年間利用者数推移（人）

| 年度 | 子ども | 大人 | 高齢者 |
|---|---|---|---|
| 平成17年度 | 1,166 | 1,710 | 2,611 |
| 平成18年度 | 1,234 | 1,650 | 2,317 |
| 平成19年度 | 1,186 | 1,824 | 2,228 |
| 平成20年度 | 1,209 | 1,934 | 2,460 |
| 平成21年度 | 830 | 1,685 | 2,569 |
| 平成22年度 | 837 | 1,914 | 2,824 |
| 平成23年度 | 624 | 2,036 | 2,779 |
| 平成24年度 | 520 | 1,769 | 3,392 |
| 平成25年度 | 752 | 1,792 | 3,346 |

【施策のねらい目・期待される効果】
- 児童と高齢者のふれあい
- 高齢者の外出機会の増加
- 地域コミュニティ、NPOによるまちづくり支援、地域コミュニティの強化

【施策内容】
①：健康意識・運動習慣
②：コミュニティ活動の活性化
③：都市機能の計画的確保
④：歩行空間
⑤：公共交通利用環境

|  |  | ① | ② | ③ | ④ | ⑤ |
|---|---|---|---|---|---|---|
| 小学生から高校生（7〜18歳） | | | ○ | ○ | | |
| 社会人（〜64歳） | | | ○ | | | |
| | 子育て世代・主婦 | ○ | ○ | ○ | | |
| 健常な前期高齢者（65〜74歳） | | ○ | ○ | ○ | | |
| 後期高齢者（75歳〜） | 要支援1〜2 | ○ | ○ | ○ | | |
| | 要介護1〜2 | ○ | ○ | ○ | | |
| | 要介護3〜5 | | | | | |
| 治療・リハビリ者 | 入院回復期 | | | | | |
| | 自宅維持期 | ○ | ○ | ○ | | |

担当：社会福祉法人　真盛園　地域交流センター「老いも若きも」

「地域のつながりづくりの中核的役割」と「高齢者や障がい者、若者やこどもたちを切れ目なく支える仕組みの一翼」となる拠点

【神奈川県横浜市「地域ケアプラザ」】

## ○地域ケアプラザの取組

### [取組のきっかけ]

・横浜市は、平成元年3月に横浜市民政局(現健康福祉局)がとりまとめた「地域福祉システム研究調査報告書」において、「市民の身近なところでサービスが総合的に提供される」「地域の中で市民が孤立することなく、また援護を要する人を地域で支えていく地域づくりを行う新たな地域拠点整備の必要性」が提言され、これを具体化する施設として「地域ケアプラザ」の整備を進めてきた。

### ■「地域のつながりづくりの中核的役割」と「高齢者や障がい者、若者やこどもたちを切れ目なく支える仕組みの一翼」となる拠点の形成

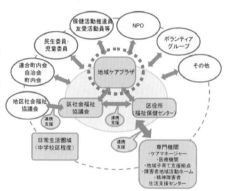

・「地域ケアプラザ」は、「地域の福祉保健の拠点」としてネットワークづくりを行うとともに、一人暮らし高齢者等が増加する中、地域及び行政と連携し、地域の中での孤立化を防ぎ、支援が必要な人を把握し支援につなげていく役割を担っている。

### ■施設の計画的な配置・地域活動の場の提供

・横浜市では約20年前より、横浜市内の公立中学校区（日常生活圏）ごとに1カ所程度、「地域ケアプラザ」を整備している。

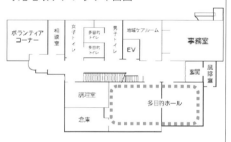

寺尾地域ケアプラザ平面図

・地域における福祉保健活動の拠点として、活動の場の提供を行っており、「多目的ホール（100㎡程度）」を設け、介護予防、障害児者の多様な地域ニーズに応えるスペースとして提供しており、その一方、民間での整備が進んできているデイサービス部門の新たな整備は廃止している。（新たに整備する施設への併設を廃止し、建設費を抑制）

・整備手法についても、「既存公共用地の土地建物の利用」「用途廃止後の公益用地（小学校等）の公募事業」「民間福祉施設との合築」「民間建物の借り上げ方式」「民間福祉施設等への業務委託」等を条件に合わせて導入している。

### ■専門職による支援

・地域の身近な「よろず相談所」として、高齢者のみならずこどもや障害児者まで様々な相談に応じている。

・そのため常勤職員として、所長1名、地域活動交流コーディネーター1名、地域包括支援センター3名（保健師等、社会福祉士、主任ケアマネージャー）を各施設に配置している。

ボランティアグループによる利用
（寺尾地域ケアプラザ）

第4章　参考資料

【施策のねらい目・期待される効果】
・地域のつながりづくり
・高齢者や障がい者、若者やこどもたちを切れ目なく支える仕組みづくり

【施策内容】①：健康意識・運動習慣
②：コミュニティ活動の活性化
③：都市機能の計画的確保
④：歩行空間
⑤：公共交通利用環境

| | | ① | ② | ③ | ④ | ⑤ |
|---|---|---|---|---|---|---|
| 小学生から高校生（7〜18歳） | | ○ | ○ | ○ | | |
| 社会人（〜64歳） | | ○ | ○ | ○ | | |
| | 子育て世代・主婦 | ○ | ○ | ○ | | |
| 健常な前期高齢者（65〜74歳） | | ○ | ○ | ○ | | |
| 後期高齢者（75歳〜） | 要支援1〜2 | ○ | ○ | ○ | | |
| | 要介護1〜2 | | | | | |
| | 要介護3〜5 | | | | | |
| 治療・リハビリ者 | 入院回復期 | | | | | |
| | 自宅維持期 | ○ | ○ | ○ | | |

担当：社会福祉法人　横浜市社会福祉協議会（寺尾地域ケアプラザ）

| 「住まい」「生活支援サービス」「介護」「医療」「予防・看護」の複合拠点 |
|---|
| 【千葉県千葉市「生活クラブいなげビレッジ虹と風」】 |

## ○生活クラブいなげビレッジ虹と風の取組

[取組のきっかけ]
- UR都市機構の団地再生公募事業（園生団地）において、生活クラブ千葉グループ内の社会福祉法人、生活協同組合、NPO、企業、ワーカーズコレクティブによる地域包括ケア拠点として提案されたもの。国土交通省「高齢者等居住安定化推進事業」を活用し、千葉大学小林研究室と連携し、地元自治会と地域懇談会を設置して、整備を進めた。

### ■地域包括ケアサービスの5つの要素を備えた地域住民の複合拠点の形成

- 地域包括ケアサービスの5つの要素、「住まい」、「生活支援サービス」、「介護」、「医療」、「予防、看護」の機能を備えた複合拠点の形成。

（連携する6運営団体）
「生活クラブ風の村」：生協を母体とする社会福祉法人
「生活クラブ虹の街」：生鮮食料品等の提供
「(株)生活サポートクラブ」：リハビリ、福祉機器の販売、レンタル
「VAICコミュニティケア研究所」：地域交流の支援やコーディネートを行うNPO
「ワーカーズ・コレクティブまどれーぬ」：「風の村」の厨房業務
「ワーカーズ・コレクティブ 樹（みき）」：デポー、カフェ運営等

- 団地内にサービス付き高齢者向け住宅と合わせて団地住民や周辺住民にとって役に立つ買い物、福祉、在宅サービス施設等を設けている。

### ■NPO団体による施設の総合案内と地域支援活動

- 複合施設「生活クラブいなげビレッジ虹と風」全体の総合案内的な役割を担っており、生活や福祉に関わる相談のほか、生活支援サービス、見守りサービス事業、ボランティア活動支援等を行っている。
- 園生団地自治会にも加入し、自治会活動として地域貢献活動、体操教室等を行っている。

デイサービスセンター

施設内診療所（外来診療・訪問診療）

サービス付き高齢者向け住宅の共用リビング空間

第4章 参考資料

【施策のねらい目・期待される効果】
- 高齢者の外出機会の増加
- 児童と高齢者のふれあい
- 地域のにぎわいの増加
- 地域コミュニティ、NPOによるまちづくり支援、地域コミュニティの強化

【施策内容】①：健康意識・運動習慣
②：コミュニティ活動の活性化
③：都市機能の計画的確保
④：歩行空間
⑤：公共交通利用環境

| | | ① | ② | ③ | ④ | ⑤ |
|---|---|---|---|---|---|---|
| 小学生から高校生（7～18歳） | | ○ | ○ | ○ | | |
| 社会人（～64歳） | | ○ | ○ | ○ | | |
| | 子育て世代・主婦 | ○ | ○ | ○ | | |
| 健常な前期高齢者（65～74歳） | | ○ | ○ | ○ | | |
| 後期高齢者（75歳～） | 要支援1～2 | ○ | ○ | ○ | | |
| | 要介護1～2 | ○ | ○ | ○ | | |
| | 要介護3～5 | ○ | ○ | ○ | | |
| 治療・リハビリ者 | 入院回復期 | | | | | |
| | 自宅維持期 | ○ | ○ | ○ | | |

担当：生活クラブ風の村いなげ

# 「スマートウェルネスぎふ」に関連する「歩き」を促す環境整備　【岐阜県岐阜市】

## ○「スマートウェルネスぎふ」の取組

[取組のきっかけ]
- 「健幸」をこれからのまちづくり政策の中核とし、市民誰もが参加でき、生活習慣病予防や寝たきり予防を可能とするまちづくりをめざし、「歩行環境の改善」「公共交通ネットワークの確立」「自転車利用環境の改善」を図っている。

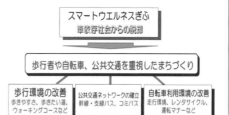

■ 歩行環境の整備、公共交通の利用促進、自転車利用環境の改善
- 岐阜駅周辺～「柳ケ瀬」商店街～旧城下町「金華地区」を有する『柳ケ瀬ウエルネスエリア』と長良川や金華山の自然景観を有する『長良川ウエルネスエリア』の2つの重点整備地区を設定し、関連事業を実施している。
- 歩行環境改善関連事業
  ＊200m間隔での路面標示の設置、スムース歩道の整備、ゆとり・やすらぎ道空間事業の実施、トイレ・ベンチ・水飲み場の設置、歩行者の安全性の向上のためのライジングボラード設置
- 幹線・支援バスとコミュニティバスが有機的に連携した公共交通ネットワークの確立
  ＊BRTの導入等
- 歩きを補完する自転車利用環境の改善
  ＊自転車走行環境整備事業による自転車・歩行者空間分離、市民及び来訪者向けのレンタサイクル事業の実施

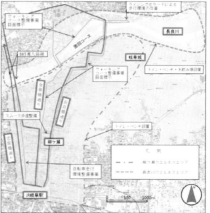

重点整備地区の設定

■「岐阜市柳ケ瀬健康ステーション」における健康意識・運動習慣の啓発及び地域コミュニティ支援
- 柳ケ瀬ウエルネスエリアの中心部において「岐阜市柳ケ瀬健康ステーション」を整備し、運営を民間事業者に委託している。
- 健康チェックのための機器を設置（利用無料）
- 健康づくり教室の開催
  ＊ストレッチ、ヨガ、エクササイズ、ウォーキング、ナイトラン等の教室を無料開催

路面標示の設置（ウォーキングコース上）

柳ケ瀬健康ステーション

第4章　参考資料

- ウォーキング関連の教室では、まちなか及び周辺のウォーキングや公共交通機関を利用して、郊外でのウォーキングを実施。更衣室、貸ロッカー、シャワー室（シャワー利用のみ有料）を整備し、まちなかでのウォーキングを推進。
- 交流サロン、情報コーナーを設置し、利用者同士の仲間づくりを支援
  ＊自主的に健康づくりに取り組むグループが結成されている。
  スタッフは、地元商店街の会議に出席し、地域コミュニティと連携
  医師・薬剤師等による健康講話等を開催

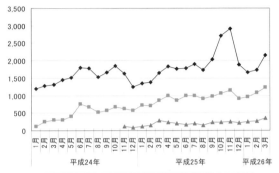

柳ケ瀬健康ステーション利用者数の推移（月間利用者数）

- 来館者数、運動実施者数とも増加傾向
- ウォーキング実践者数は200名/月前後で推移

【施策内容】①：健康意識・運動習慣
②：コミュニティ活動の活性化
③：都市機能の計画的確保
④：歩行空間
⑤：公共交通利用環境

【施策のねらい目・期待される効果】
- 高齢者の外出機会の増加と歩行距離の延長
- 地域のにぎわいの増加
- 地域コミュニティの支援強化
- 公共交通の利用促進

|  |  | ① | ② | ③ | ④ | ⑤ |
|---|---|---|---|---|---|---|
| 小学生から高校生（7～18歳） | |  |  |  | ○ | ○ |
| 社会人（～64歳） | | ○ | ○ |  | ○ | ○ |
|  | 子育て世代・主婦 | ○ | ○ |  | ○ | ○ |
| 健常な前期高齢者（65～74歳） | | ○ | ○ | ○ | ○ | ○ |
| 後期高齢者（75歳～） | 要支援1～2 |  |  |  | ○ | ○ |
|  | 要介護1～2 |  |  |  |  |  |
|  | 要介護3～5 |  |  |  |  |  |
| 治療・リハビリテーション者 | 入院回復期 |  |  |  |  |  |
|  | 自宅維持期 |  |  |  | ○ | ○ |

担当：岐阜市歴史まちづくり課

健康・医療・福祉のまちづくりの推進ガイドライン（技術的助言）

継続的なイベントによるまちなかへの外出促進（歩行者交通量の増加）
【富山県富山市「グランドプラザ」】

## ○「グランドプラザ」の取組

### [取組のきっかけ]

- 大型店の撤退等により歩行者数の減少、店舗数の減少等となっていた総曲輪地区における、近接する2地区での再開発事業を契機とし、両地区の間にある市道を市民のための広場として生まれ変わらせる試みが検討され、平成16年度に「グランドプラザ活用委員会」が発足し、計画が進められた。

### ■市民のための広場としての活用

- 総曲輪地区の2つの再開発ビルの間の市道を拡幅し、南北約65m、東西約21mのガラス屋根に覆われた広場空間。
- 隣接する百貨店と駐車場の再開発に併せて、廃止する道路を集約し、さらに両再開発のセットバック分を含めて21mの幅員を確保
- グランドプラザを管理・運営するため、市では条例を制定し、道路の指定を解除し、なるべく自由に使用できる広場としている

### ■継続的なイベントの開催

- 現在、運営は「株式会社まちづくりとやま」が行い、市民等からのイベント提案と協賛したい企業とを結びつけるマッチング事業も展開
- 年間81.6%（休日：96.5%、平日：74.6%）がイベント※等利用されている。（平成24年度実績）
- イベントの開催等により、郊外等に流出していた若者、男性、ファミリー層が戻ってきている
- これにより、隣接する総曲輪通りの歩行者交通量は約13%上昇

※イベント例
（上：オープンカフェ、
　下：クリスマススケートリンク）

総曲輪通り歩行者通行量

平成22年度：24,164
平成23年度：27,206
約12.6%上昇

【施策のねらい目・期待される効果】

- 地域のにぎわいの増加
- 地域コミュニティ、NPOによるまちづくり支援、地域コミュニティの強化

【施策内容】
① 健康意識・運動習慣
② コミュニティ活動の活性化
③ 都市機能の計画的確保
④ 歩行空間
⑤ 公共交通利用環境

|  |  | ① | ② | ③ | ④ | ⑤ |
|---|---|---|---|---|---|---|
| 小学生から高校生（7～18歳） | |  | ○ | ○ | ○ |  |
| 社会人（～64歳） | |  | ○ | ○ | ○ |  |
|  | 子育て世代・主婦 |  | ○ | ○ | ○ |  |
| 健常な前期高齢者（65～74歳） | |  | ○ | ○ | ○ |  |
| 後期高齢者（75歳～） | 要支援1～2 |  |  |  |  |  |
|  | 要介護1～2 |  |  |  |  |  |
|  | 要介護3～5 |  |  |  |  |  |
| 治療・リハビリ者 | 入院回復期 |  |  |  |  |  |
|  | 自宅維持期 |  |  |  |  |  |

担当：株式会社まちづくりとやま　グランドプラザ事務所

第4章 参考資料

## 5 取組効果のチェックと取組内容の改善

具体的に地域において取組を促進（パイロット事業等）し、その実践を通じたノウハウ等を集積することによって、取組内容の改善を進めていくことが必要である。

取組の施策効果については、定期的な実態調査を継続的に行うことが必要であり、「健康・医療・福祉のまちづくりの診断指標（案）」の各数値について、それぞれどのような動向となっているのか、都市、地域の優れた特徴として更に伸ばしていく指標は何か、またボトムアップを図るべき指標は何か等、市民や地域に対して明らかにしていくことが必要である。

そのうえで、必要な改善措置の検討や実施に当たっては、市民や地域と連携して取り組むことが必要である。

また、「健康・医療・福祉のまちづくり」の取組効果の1つとして、下記のような医療費抑制効果が指摘されており、下記の試算方法が提案されている。上記の診断指標による施策効果の把握と合わせて活用していくことが考えられる。

（年間の医療費抑制効果）＝歩行数の増加した住民数×1日当たりの歩数増加量×0.061円／歩×365日

図5-1：見附市における医療費抑制効果

表　見附市健康運動教室参加者の運動活動量の歩行量への換算と医療費抑制効果

| 見附市健康運動教室参加者の運動活動量 | | | | 歩行量への換算 | | | |
|---|---|---|---|---|---|---|---|
| 運動項目 | 運動強度 MET ※1 | 時間・頻度 | 活動量 Ex※2／週 | 活動 | 運動強度 MET | 活動量 Ex／週 | |
| 自体重筋力 Tr. | 3.5 | 20分×週5回 | 5.8 | 普通歩行※3（平地、67m/分） | 3.0（3Exに相当する歩数は60分で6,000歩） | 16.5 33,000歩 | |
| バイク Tr. | 4.0 | 30分×週2回 | 4.0 | | | | |
| しっかり歩行※3 | 4.0 | 20分×週5回 | 6.7 | | | | |
| 計 | | 1週間あたり | 16.5 | | | | |
| | | 1日あたり | 2.35 | 歩数 | 4,700歩／日 | | |
| 1年間の医療費抑制　104,200円／年・人 | | | | 104,200／365日／4,700歩＝0.061円／歩 | | | |

1日の歩数5,000～6,000歩＋運動教室による活動量の歩数換算分4,700歩＝9,700～10,700歩＝概ね1日10,000歩
■40歳以上の人口1万人が1日あたり10,000歩を実行すると10億円の医療費抑制効果がある。
1万人×365日×4700歩×0.061円／歩＝10億円／年　　※総医療費に対する抑制効果

※注意点1）　筋トレとウォーキングでは得られる生理学的効果が異なるため、通常は筋トレの活動量を歩数に換算すべきではない。
※注意点2）　運動プログラムは対象者個人の体力や歩行量のレベルに応じて出力されるため、本来は全員一律の運動プログラムではない。今回は、対象者全員が同じプログラムを1年間継続したと仮定して試算をした。

※1　「MET　メッツ（強さの単位）」：身体活動の強さを安静時の何倍に相当するかを表す単位で、座って安静にしている状態が1メッツ、普通歩行が3メッツに相当する。
※2　「Ex　エクササイズ、Ex（＝メッツ×時）、（量の単位）」：身体活動量を表す単位で、身体活動の強度に実施時間をかけたものである。1Exは、「普通歩行」で20分に相当：「健康づくりのための運動指針2006（生活習慣病予防のために）」
※3　歩行の区分「普通歩行」：3.0 MET、平地67m／分、「やや速歩」：3.8 MET、平地94m／分
　　　「速歩（しっかり歩行と想定）」：4.0 MET、平地95～100m／分

出典：筑波大学　久野研究室

健康・医療・福祉のまちづくりの推進ガイドライン（技術的助言）

（別紙）「健康・医療・福祉まちづくり」のイメージ

### 住宅地イメージ

【徒歩圏域に確保する都市機能の集約】
・コミュニティサロンや集会所、放課後児童クラブ等の福祉・交流拠点に係る機能については、これまで徒歩圏域において中心的な施設となっている商店街や小学校とともに、集約して一体的に機能確保する。
・保育所や子育て支援施設と介護施設等を一体的に配置することで世代間の交流を生み出す。

【日常生活圏域に確保する都市機能の集約】
・地域包括支援センターや行政サービス施設等については、これまで日常生活圏域において中心的な施設となっている商店街や小学校・中学校とともに、集約して一体的に機能確保する。
・公的不動産の再編とともに、各施設の複合利用や合築、空き店舗・空き家等の既存施設の有効利用により土地等の確保に係る初期コストを抑え民間事業者の立地を支援する。

・日常生活圏域に確保する都市機能のうち集約して一体的に機能確保するもの以外の各機能については、概ね30分以内でサービスが提供されるよう圏域の中で偏りなく、また、施設相互の連携も念頭に置いて、機能確保する。
・このうち利用者が訪れる施設については、徒歩・自転車または公共交通によるアクセスを確保する。

・地域の拠点と公園や河川沿いの緑道等を結ぶ歩行ネットワークを構築する。
・歩行ネットワーク沿いに日常生活に必要な機能（生鮮食料品店、診療所、薬局、幼稚園等）を確保する。

・高齢者の社会参画を促進するコミュニティ活動やコミュニティビジネスの活動拠点づくりを促進する。（小学校空き教室など地域の人々が集まりやすい場所を活用）

・公園や民地の空地等を活用してベンチや水飲場、公衆トイレ等を適切に配置する。
・健康の増進や介護予防の場として身近な公園や歩行空間などの社会環境を改善する。

・公共交通のサービス（路線・運行頻度）を向上させる。
・バス停への上屋・ベンチ設置など待合空間を充実させる。
・公共交通サービスの提供が困難な地域では、地域コミュニティによる交通ネットワークの補完を支援する。

日常生活圏域
（概ね30分以内に必要なサービスが提供される圏域）

徒歩圏域
（高齢者が徒歩で移動できる圏域）

日常生活圏域で集約して確保する機能

徒歩圏域で集約して確保する機能

-------- 歩行ネットワーク

公共交通ネットワーク

第 4 章　参考資料

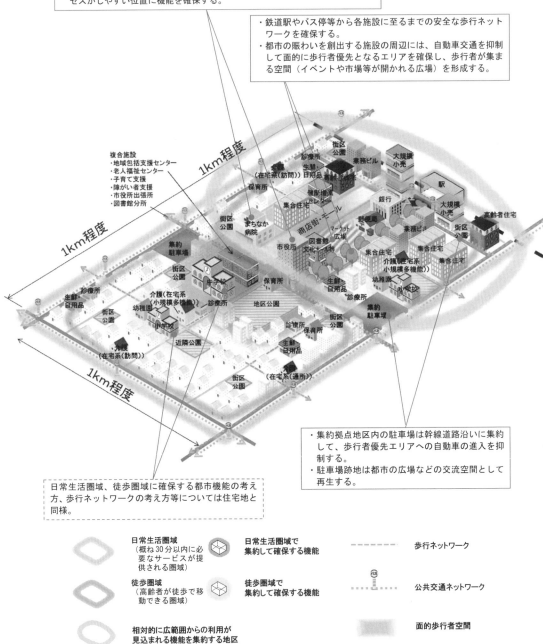

# 【参考】誘導施設に関係する主な支援制度

## 細　目　次

### 1　医療施設

| 施設名 | 補助事業名称等 | 細目 | ページ |
|---|---|---|---|
| ・特定機能病院<br>・地域医療支援病院<br>・病院・診療所 | 都市再生整備計画事業 | 都市再構築戦略事業<br>（人口密度維持タイプ） | 156 |
| | 都市機能立地支援事業 | 人口密度維持タイプ | 157 |
| | 暮らし・にぎわい再生事業 | 都市機能まちなか立地支援 | 158 |
| | 医療提供体制施設整備交付金 | | 159 |
| ・調剤薬局 | 都市再生整備計画事業 | 都市再構築戦略事業<br>（人口密度維持タイプ） | 160 |
| | 都市機能立地支援事業 | 人口密度維持タイプ | 161 |
| | 暮らし・にぎわい再生事業 | 都市機能まちなか立地支援 | 162 |

### 2　社会福祉施設

| 施設名 | 補助事業名称等 | 細目 | ページ |
|---|---|---|---|
| ・社会福祉施設全般 | 都市再生整備計画事業 | 都市再構築戦略事業<br>（人口密度維持タイプ） | 163 |
| | 都市機能立地支援事業 | 人口密度維持タイプ | 164 |
| | 暮らし・にぎわい再生事業 | 都市機能まちなか立地支援 | 165 |
| | 優良建築物等整備事業 | | 166 |
| | 住宅市街地総合整備事業 | 拠点開発型 | 167 |
| | | 街なか居住再生型 | 168 |
| | スマートウェルネス住宅等推進事業 | | 169 |
| ・保護施設 | 社会福祉施設等施設整備費国庫補助金 | | 170 |
| ・老人福祉施設等<br>（老人ホーム等） | 地域介護・福祉空間整備等施設整備交付金 | 先進的事業支援特例交付金 | 171 |
| ・障害者施設等 | 社会福祉施設等施設整備費国庫補助金 | | 172 |
| ・児童福祉施設等 | 社会福祉施設等施設整備費国庫補助金 | | 173 |
| | 次世代育成支援対策施設整備費交付金 | | 174 |
| ・保育所等 | 保育所等整備交付金 | | 175 |
| | 子育て支援対策臨時特例交付金（安心こども基金） | 保育所等整備事業 | 176 |

（注）本資料は平成28年度事業について公開されている要綱等を収集の上で概要を抽出したものであり、制度の適用の検討にあたっては、所管省庁に問合せ、最新の資料を入手されたい。

第4章　参考資料

# 1　医療施設

| 施設名 ||
|---|---|
| ●特定機能病院<br>●地域医療支援病院<br>●病院・診療所 |||
| 補助事業名称 ||
| 都市再生整備計画事業 | 都市再構築戦略事業<br>（人口密度維持タイプ） |
| 所管府省 ||
| 国土交通省 |||
| 概要 ||
| 「立地適正化計画」を作成した上で、生活に必要な都市機能を整備することにより、都市構造の再構築を図ることを目的とした事業である。都市再生整備計画に都市構造の再構築に向けた市町村の考え方を記載することが必要である。 |||
| 対象事業要件 ||
| 中心拠点区域内において整備する中心拠点誘導施設、または生活拠点区域内において整備する生活拠点誘導施設に加え、目標達成に必要な従来の都市再生整備計画事業の交付対象事業。ただし、都市再構築戦略事業を実施する場合は提案事業は交付対象としない。 |||

| | |
|---|---|
| 補助対象事業費 | 施設の整備に要する費用 |
| 補助率 | 都市再生整備計画に位置付けられた事業の実施に必要な事業費の50% |
| 補助対象者 | 市町村、協議会 |
| 交付要綱等 | ・社会資本整備総合交付金交付要綱（平成28年10月11日最終改正）<br>・都市機能立地支援事業　都市再構築戦略事業　パンフレット（国土交通省） |

**【参考】誘導施設に関係する主な支援制度**

| 施設名 |  |
|---|---|
| ●特定機能病院<br>●地域医療支援病院<br>●病院・診療所 | |

| 補助事業名称 | |
|---|---|
| 都市機能立地支援事業 | 人口密度維持タイプ |

| 所管府省 |
|---|
| 国土交通省 |

| 概要 |
|---|
| 公的不動産の有効活用等により、生活に必要な都市機能「誘導施設」を民間事業者が整備する際に、市町村による支援に加え、国が民間事業者に対して直接支援する個別補助事業である。なお、市町村が作成する都市全体の公的不動産の活用方針を記載した「立地適正化計画」に位置づけた誘導施設で、都市再生整備計画に都市機能立地支援関連事業として、本事業が位置づけられていることが必要である。 |

| 対象事業要件 |
|---|
| ①立地適正化計画に定められた都市機能誘導区域内における誘導施設を整備する事業であること<br>②都市再生整備計画において都市機能立地支援関連事業として位置づけがあること<br>③市町村が事業主体に対して公的不動産等活用支援を行う事業であること |

| | |
|---|---|
| 補助対象事業費 | ・設計費<br>・土地整備費<br>・用地取得費（公共の用に供する敷地に相当する部分）<br>・共同施設整備費<br>・専有部整備費（23％相当に限る）<br>・負担増分用地費<br>・賃借料 |
| 補助率 | 補助基本額の1/2<br>ここで、補助対象事業費の合計の2/3を補助基本額とする。 |
| 補助対象者 | 民間事業者等 |
| 交付要綱等 | ・都市機能立地支援事業制度要綱、都市機能立地支援事業費補助交付要綱<br>・都市機能立地支援事業　都市再構築戦略事業　パンフレット（国土交通省） |

# 第4章　参考資料

| 施設名 ||
|---|---|
| ●特定機能病院<br>●地域医療支援病院<br>●病院・診療所 ||
| **補助事業名称** ||
| 暮らし・にぎわい再生事業 | 都市機能まちなか立地支援 |
| **所管府省** ||
| 国土交通省 ||
| **概要** ||
| 認定を受けた中心市街地活性化基本区域において、中心市街地に不足している都市機能（公益施設、住宅、商業等）を導入する取組に対して支援を行うことにより、都市機能の集積を図り中心市街地の活性化を図るための事業である。 ||
| **対象事業要件** ||
| 都市機能まちなか立地支援や空きビル再生支援や公開空地の整備にあたっては、以下の要件をクリアすることが必要です。<br>・認定中心市街地活性化基本計画への位置付け<br>・施設整備にあたっては、公益施設を含むこと（公開空地の場合は不要）<br>・敷地面積が1,000㎡以上の施設設備であること（緩和措置あり） ||
| 補助対象事業費 | ・調査設計計画費<br>・土地整備費<br>・まちなか立地に伴い追加的に必要な施設整備費<br>・賑わい交流施設整備費<br>・供給処理施設整備費、空地整備費等（市街地再開発事業等の採択要件を満たすものに限る）<br>・施設購入費<br>・事務費 |
| 補助率 | 対象事業費の1/3 |
| 補助対象者 | 地方公共団体、都市再生機構、協議会、民間事業者等 |
| 交付要綱等 | ・暮らし・にぎわい再生事業補助金交付要綱（最終改正　平成21年4月1日）<br>・暮らし・にぎわい再生事業パンフレット（国土交通省） |

【参考】誘導施設に関係する主な支援制度

| 施設名 |
|---|
| ●特定機能病院<br>●地域医療支援病院<br>●病院・診療所 |
| 補助事業名称 |
| 医療提供体制施設整備交付金 |
| 所管府省 |
| 厚生労働省 |
| 概要 |
| 新たな医療計画制度の実効性を確保し、医療提供体制と地域保健及び健康増進体制との連携強化を図る観点から、都道府県の作成した「医療計画に基づく事業計画」により、都道府県が自主性・裁量性を発揮できる助成制度の仕組みとして、救急医療施設、周産期医療施設等の施設整備を支援するもの。 |
| 対象事業要件 |
| 都道府県知事は医療提供施設等の整備に関する計画(事業計画)を作成し、厚生労働大臣に提出 |

| | |
|---|---|
| 補助対象事業費 | 工事費または工事請負費 |
| 補助率 | 補助率1/2・1/3・定額(10/10) |
| 補助対象者 | 都道府県、市町村、公的団体、民間事業者 |
| 交付要綱等 | ・医療提供体制施設整備交付金交付要綱 |

| 施設名 ||
|---|---|
| ●調剤薬局 ||
| 補助事業名称 ||
| 都市再生整備計画事業 | 都市再構築戦略事業（人口密度維持タイプ） |
| 所管府省 ||
| 国土交通省 ||
| 概要 ||
| 「立地適正化計画」を作成した上で、生活に必要な都市機能を整備することにより、都市構造の再構築を図ることを目的とした事業である。都市再生整備計画に都市構造の再構築に向けた市町村の考え方を記載することが必要である。 ||
| 対象事業要件 ||
| 中心拠点区域内において整備する中心拠点誘導施設、または生活拠点区域内において整備する生活拠点誘導施設に加え、目標達成に必要な従来の都市再生整備計画事業の交付対象事業。ただし、都市再構築戦略事業を実施する場合は提案事業は交付対象としない。 ||
| 補助対象事業費 | 施設の整備に要する費用 |
| 補助率 | 都市再生整備計画に位置付けられた事業の実施に必要な事業費の50% |
| 補助対象者 | 市町村、協議会 |
| 交付要綱等 | ・社会資本整備総合交付金交付要綱（平成28年10月11日最終改正）<br>・都市機能立地支援事業　都市再構築戦略事業　パンフレット（国土交通省） |

**【参考】誘導施設に関係する主な支援制度**

| 施設名 | |
|---|---|
| ●調剤薬局 | |
| **補助事業名称** | |
| 都市機能立地支援事業 | 人口密度維持タイプ |
| **所管府省** | |
| 国土交通省 | |
| **概要** | |
| 公的不動産の有効活用等により、生活に必要な都市機能「誘導施設」を民間事業者が整備する際に、市町村による支援に加え、国が民間事業者に対して直接支援する個別補助事業である。なお、市町村が作成する都市全体の公的不動産の活用方針を記載した「立地適正化計画」に位置づけた誘導施設で、都市再生整備計画に都市機能立地支援関連事業として、本事業が位置づけられていることが必要である。 | |
| **対象事業要件** | |
| ①立地適正化計画に定められた都市機能誘導区域内における誘導施設を整備する事業であること<br>②都市再生整備計画において都市機能立地支援関連事業として位置づけがあること<br>③市町村が事業主体に対して公的不動産等活用支援を行う事業であること | |
| 補助対象事業費 | ・設計費<br>・土地整備費<br>・用地取得費（公共の用に供する敷地に相当する部分）<br>・共同施設整備費<br>・専有部整備費(23%相当に限る)<br>・負担増分用地費<br>・賃借料 |
| 補助率 | 補助基本額の1/2<br>ここで、補助対象事業費の合計の2/3を補助基本額とする。 |
| 補助対象者 | 民間事業者等 |
| 交付要綱等 | ・都市機能立地支援事業制度要綱、都市機能立地支援事業費補助交付要綱<br>・都市機能立地支援事業　都市再構築戦略事業　パンフレット（国土交通省） |

第4章　参考資料

| 施設名 ||
|---|---|
| ●調剤薬局 ||
| 補助事業名称 ||
| 暮らし・にぎわい再生事業 | 都市機能まちなか立地支援 |
| 所管府省 ||
| 国土交通省 ||
| 概要 ||
| 認定を受けた中心市街地活性化基本区域において、中心市街地に不足している都市機能（公益施設、住宅、商業等）を導入する取組に対して支援を行うことにより、都市機能の集積を図り中心市街地の活性化を図るための事業である。 ||
| 対象事業要件 ||
| 都市機能まちなか立地支援や空きビル再生支援や公開空地の整備にあたっては、以下の要件をクリアすることが必要です。<br>・認定中心市街地活性化基本計画への位置付け<br>・施設整備にあたっては、公益施設を含むこと（公開空地の場合は不要）<br>・敷地面積が1,000㎡以上の施設設備であること（緩和措置あり） ||
| 補助対象事業費 | ・調査設計計画費<br>・土地整備費<br>・まちなか立地に伴い追加的に必要な施設整備費<br>・賑わい交流施設整備費<br>・供給処理施設整備費、空地整備費等（市街地再開発事業等の採択要件を満たすものに限る）<br>・施設購入費<br>・事務費 |
| 補助率 | 対象事業費の1/3 |
| 補助対象者 | 地方公共団体、都市再生機構、協議会、民間事業者等 |
| 交付要綱等 | ・暮らし・にぎわい再生事業補助金交付要綱（最終改正　平成21年4月1日）<br>・暮らし・にぎわい再生事業パンフレット（国土交通省） |

# 2　社会福祉施設

| 施設名 ||
|---|---|
| ●社会福祉施設全般 ||
| 補助事業名称 ||
| 都市再生整備計画事業 | 都市再構築戦略事業<br>（人口密度維持タイプ） |
| 所管府省 ||
| 国土交通省 ||
| 概要 ||
| 「立地適正化計画」を作成した上で、生活に必要な都市機能を整備することにより、都市構造の再構築を図ることを目的とした事業である。都市再生整備計画に都市構造の再構築に向けた市町村の考え方を記載することが必要である。 ||
| 対象事業要件 ||
| 中心拠点区域内において整備する中心拠点誘導施設、または生活拠点区域内において整備する生活拠点誘導施設に加え、目標達成に必要な従来の都市再生整備計画事業の交付対象事業。ただし、都市再構築戦略事業を実施する場合は提案事業は交付対象としない。 ||
| 補助対象事業費 | 施設の整備に要する費用 |
| 補助率 | 都市再生整備計画に位置付けられた事業の実施に必要な事業費の50% |
| 補助対象者 | 市町村、協議会 |
| 交付要綱等 | ・社会資本整備総合交付金交付要綱（平成28年10月11日最終改正）<br>・都市機能立地支援事業　都市再構築戦略事業　パンフレット（国土交通省） |

| 施設名 | |
|---|---|
| ●社会福祉施設全般 | |
| 補助事業名称 | |
| 都市機能立地支援事業 | 人口密度維持タイプ |
| 所管府省 | |
| 国土交通省 | |
| 概要 | |
| 公的不動産の有効活用等により、生活に必要な都市機能「誘導施設」を民間事業者が整備する際に、市町村による支援に加え、国が民間事業者に対して直接支援する個別補助事業である。なお、市町村が作成する都市全体の公的不動産の活用方針を記載した「立地適正化計画」に位置づけた誘導施設で、都市再生整備計画に都市機能立地支援関連事業として、本事業が位置づけられていることが必要である。 | |
| 対象事業要件 | |
| ① 立地適正化計画に定められた都市機能誘導区域内における誘導施設を整備する事業であること<br>② 都市再生整備計画において都市機能立地支援関連事業として位置づけがあること<br>③ 市町村が事業主体に対して公的不動産等活用支援を行う事業であること | |
| 補助対象事業費 | ・設計費<br>・土地整備費<br>・用地取得費（公共の用に供する敷地に相当する部分）<br>・共同施設整備費<br>・専有部整備費（23%相当に限る）<br>・負担増分用地費<br>・賃借料 |
| 補助率 | 補助基本額の1/2<br>ここで、補助対象事業費の合計の2/3を補助基本額とする。 |
| 補助対象者 | 民間事業者等 |
| 交付要綱等 | ・都市機能立地支援事業制度要綱、都市機能立地支援事業費補助交付要綱<br>・都市機能立地支援事業　都市再構築戦略事業　パンフレット（国土交通省） |

【参考】誘導施設に関係する主な支援制度

| 施設名 |
|---|
| ●社会福祉施設全般 |

| 補助事業名称 ||
|---|---|
| 暮らし・にぎわい再生事業 | 都市機能まちなか立地支援 |

| 所管府省 |
|---|
| 国土交通省 |

| 概要 |
|---|
| 認定を受けた中心市街地活性化基本区域において、中心市街地に不足している都市機能（公益施設、住宅、商業等）を導入する取組に対して支援を行うことにより、都市機能の集積を図り中心市街地の活性化を図るための事業である。 |

| 対象事業要件 |
|---|
| 都市機能まちなか立地支援や空きビル再生支援や公開空地の整備にあたっては、以下の要件をクリアすることが必要です。<br>・認定中心市街地活性化基本計画への位置付け<br>・施設整備にあたっては、公益施設を含むこと（公開空地の場合は不要）<br>・敷地面積が1,000㎡以上の施設設備であること（緩和措置あり） |

| 補助対象事業費 | ・調査設計計画費<br>・土地整備費<br>・まちなか立地に伴い追加的に必要な施設整備費<br>・賑わい交流施設整備費<br>・供給処理施設整備費、空地整備費等（市街地再開発事業等の採択要件を満たすものに限る）<br>・施設購入費<br>・事務費 |
|---|---|
| 補助率 | 対象事業費の1/3 |
| 補助対象者 | 地方公共団体、都市再生機構、協議会、民間事業者等 |
| 交付要綱等 | ・暮らし・にぎわい再生事業補助金交付要綱（最終改正　平成21年4月1日）<br>・暮らし・にぎわい再生事業パンフレット（国土交通省） |

# 第4章　参考資料

| 施設名 ||
|---|---|
| ●社会福祉施設全般 ||
| **補助事業名称** ||
| 優良建築物等整備事業 ||
| **所管府省** ||
| 国土交通省 ||
| **概要** ||
| さまざまな形で行われる民間の建築活動の適切な誘導により、市街地環境の向上と良質な市街地住宅の確保を推進していくため、国、地方公共団体が必要な整備助成を行う制度である。また本事業は、国の制度要綱に基づく事業であり、一定の空地確保、土地の共同化、高度化等に寄与する優良な建築物等に支援が行われる。 ||
| **対象事業要件** ||
| ・地区面積：原則として、概ね1,000㎡以上<br>（中心市街地共同住宅供給タイプ、市街地総合再生計画に係るもの等の場合は概ね500㎡以上、一定の条件を満たすマンション建替え事業の場合は概ね300㎡以上）<br>・地区要件：一定規模以上の空地を確保すること（一定の条件を満たすマンション建替え事業以外）一定接道条件を満たしていること<br>・階数：地上3階以上<br>・構造：耐火建築物又は準耐火建築物 ||
| 補助対象事業費 | ・調査設計計画費<br>・土地整備費<br>・共同施設整備等 |
| 補助率 | 1/2(1/3) |
| 補助対象者 | 地方公共団体、都市再生機構、地方住宅供給公社、民間事業者等 |
| 交付要綱等 | ・優良建築物等整備事業制度要綱（最終改正　平成25年5月15日　国住街第39号） |

【参考】誘導施設に関係する主な支援制度

| 施設名 | |
|---|---|
| ●社会福祉施設全般 | |
| 補助事業名称 | |
| 住宅市街地総合整備事業 | 拠点開発型 |
| 所管府省 | |
| 国土交通省 | |

## 概要

既成市街地において、快適な居住環境の創出、都市機能の更新、美しい市街地景観の形成、密集市街地の整備改善、街なか居住の推進等を図るため、住宅等の整備、公共施設の整備等を総合的に行うことにより、もって公共の福祉に寄与することを目的とする。

## 対象事業要件

●整備地区の要件
・重点整備地区を一つ以上含む地域
・整備地区の面積が概ね5ha以上（重点供給地域は概ね2ha以上）
・原則として住宅戸数密度が30戸/ha以上の地区
●重点整備地区の要件
・重点整備地区は面積が概ね1ha以上（重点供給地域は概ね0.5ha以上）
・三大都市圏の既成市街地、重点供給地域、県庁所在地、一定の条件を満たす中心市街地等
・原則として概ね1ha以上かつ重点整備地区面積の20％以上の拠点的開発を行う区域を含む

| 補助対象事業費 | ・調査設計計画費<br>・土地整備費<br>・共同施設整備等 |
|---|---|
| 補助率 | 1/2(1/3) |
| 補助対象者 | 地方公共団体、地元住民協議会等、民間事業者等 |
| 交付要綱等 | ・住宅市街地総合整備事業制度要綱（最終改正　平成25年5月15日　国住市第51号）<br>・社会資本整備総合交付金交付要綱（平成27年4月9日最終改正） |

# 第4章　参考資料

| 施設名 |
|---|
| ●社会福祉施設全般 |

| 補助事業名称 ||
|---|---|
| 住宅市街地総合整備事業 | 街なか居住再生型 |

| 所管府省 |
|---|
| 国土交通省 |

| 概要 |
|---|
| 既成市街地において、快適な居住環境の創出、都市機能の更新、美しい市街地景観の形成、密集市街地の整備改善、街なか居住の推進等を図るため、住宅等の整備、公共施設の整備等を総合的に行うことにより、もって公共の福祉に寄与することを目的とする。 |

| 対象事業要件 |
|---|
| ●整備地区の要件<br>・重点整備地区を一つ以上含む地区<br>・整備地区の面積が概ね5ha以上（重点供給地域は概ね2ha以上）<br>●重点整備地区の要件<br>・重点整備地区の面積が概ね1ha以上30ha以下（重点供給地域は概ね0.5ha以上30ha以下）<br>・一定の条件を満たす中心市街地<br>・重点整備地区で概ね50戸以上かつ10戸/ha以上の住宅整備を行う |

| 補助対象事業費 | ・調査設計計画費<br>・土地整備費<br>・共同施設整備等 |
|---|---|
| 補助率 | 1/2(1/3) |
| 補助対象者 | 地方公共団体、地元住民協議会等、民間事業者等 |
| 交付要綱等 | ・住宅市街地総合整備事業制度要綱（最終改正　平成25年5月15日　国住市第51号）<br>・社会資本整備総合交付金交付要綱（平成27年4月9日最終改正） |

【参考】誘導施設に関係する主な支援制度

| 施設名 |
|---|
| ●社会福祉施設全般 |

| 補助事業名称 |
|---|
| スマートウェルネス住宅等推進事業 |

| 所管府省 |
|---|
| 国土交通省 |

| 概要 |
|---|
| 高齢者、障害者、子育て世帯等の多様な世代が交流し、安心して健康に暮らすことができる「スマートウェルネス住宅」を実現するため、サービス付き高齢者向け住宅の整備、住宅団地等における併設施設の整備、高齢者、障害者、子育て世帯の居住の安定確保・健康維持増進に係る先導的な住まいづくりの取組みを支援する事業 |

| 対象事業要件 |
|---|
| ① 住宅団地等の戸数が100戸以上※1であること。<br>② 地方公共団体と連携して「スマートウェルネス計画」※2が定められていること。<br>③ 整備する施設が「スマートウェルネス計画」に位置付けられていること。<br>④ 周辺地域の住民も利用可能であること。<br>⑤ 資金の調達が確実であること |

| 補助対象事業費 | ・調査設計計画費<br>・建設工事費等 |
|---|---|
| 補助率 | 補助率：1/3以内<br>補助限度額：1,000万円（1施設につき） |
| 補助対象者 | 民間事業者等 |
| 交付要綱等 | ・スマートウェルネス住宅等推進事業補助金交付要綱（平成27年4月9日国住心第228号） |

第4章　参考資料

| 施設名 |
|---|
| ●保護施設 |

| 補助事業名称 |
|---|
| 社会福祉施設等施設整備費国庫補助金 |

| 所管府省 |
|---|
| 厚生労働省 |

| 概要 |
|---|
| 障害者が地域で自立した生活を送ることができるよう、障害者の地域移行や就労支援に必要な事業所等を社会福祉法人等が設置する場合、その費用の一部を補助する。 |

| 対象事業要件 |
|---|
| 社会福祉法人又は日本赤十字社が設置する保護施設（生活保護法第41条）に対し、都道府県又は指定都市若しくは中核市（沖縄県を除く。）が生活保護法第74条第1項に基づき行う補助事業 |

| | |
|---|---|
| 補助対象事業費 | ・施設整備費 |
| 補助率 | 県補助率：3/4、国庫補助率：2/3 |
| 補助対象者 | 社会福祉法人等 |
| 交付要綱等 | ・社会福祉施設等施設整備費の国庫補助について（第十三次改正　厚生労働省発社援0825第13号　平成27年8月25日 |

【参考】誘導施設に関係する主な支援制度

| 施設名 ||
|---|---|
| ●老人福祉施設等<br>（老人ホーム等） ||
| 補助事業名称 ||
| 地域介護・福祉空間整備等施設整備交付金 | 先進的事業支援特例交付金 |
| 所管府省 ||
| 厚生労働省 ||
| 概要 ||
| 地域包括ケアシステムの構築に向け、高齢者が住み慣れた地域での生活を継続することができるよう、地域支え合いセンターの整備など市町村における先進的な取組に必要な施設整備に要する経費等を助成。 ||
| 対象事業要件 ||
| 介護療養型医療施設転換整備計画又は先進的事業整備計画に記載された事業 ||
| 補助対象事業費 | ・工事費（工事請負費）<br>・工事事務費 |
| 補助率 | 面的整備計画に記載された施設等につき、配分基礎単価に単位の数を乗じて得た額の合計額と対象経費の実支出額の合計額とを比較して少ない方の額※実施要綱参照 |
| 補助対象者 | 市区町村 |
| 交付要綱等 | ・地域介護・福祉空間整備等施設整備交付金交付要綱（最終改正　厚生労働省発老0326第4号　平成27年3月26日）<br>・地域介護・福祉空間整備等施設整備交付金実施要綱（最終改正　老発0320第5号　平成27年3月20日） |

# 第4章 参考資料

| 施設名 ||
|---|---|
| ●障害者施設等 ||
| **補助事業名称** ||
| 社会福祉施設等施設整備費国庫補助金 ||
| **所管府省** ||
| 厚生労働省 ||
| **概要** ||
| 障害者が地域で自立した生活を送ることができるよう、障害者の地域移行や就労支援に必要な事業所等を社会福祉法人等が設置する場合、その費用の一部を補助する。 ||
| **対象事業要件** ||
| 障害者総合支援法第79条第2項に基づき事業を実施する法人が設置する障害福祉サービス事業所等に対し、都道府県又は指定都市若しくは中核市が予算措置に基づき行う補助事業 ||
| 補助対象事業費 | ・施設整備費 |
| 補助率 | 県補助率：3/4、国庫補助率：2/3 |
| 補助対象者 | 社会福祉法人等 |
| 交付要綱等 | ・社会福祉施設等施設整備費の国庫補助について（第十三次改正　厚生労働省発社援0825第13号　平成27年8月25日） |

【参考】誘導施設に関係する主な支援制度

| 施設名 |
|---|
| ●児童福祉施設等 |

| 補助事業名称 |
|---|
| 社会福祉施設等施設整備費国庫補助金 |

| 所管府省 |
|---|
| 厚生労働省 |

| 概要 |
|---|
| 障害者が地域で自立した生活を送ることができるよう、障害者の地域移行や就労支援に必要な事業所等を社会福祉法人等が設置する場合、その費用の一部を補助する。 |

| 対象事業要件 |
|---|
| 社会福祉法人又は日本赤十字社若しくは公益社団法人、公益財団法人又は特例民法法人が設置する児童福祉施設等(児童福祉法第34条)に対し、都道府県又は指定都市若しくは中核市、児童相談所設置市等が児童福祉法第56条の2第1項又は予算措置に基づき行う補助事業 |

| | |
|---|---|
| 補助対象事業費 | ・施設整備費 |
| 補助率 | 県補助率：3/4、国庫補助率：2/3 |
| 補助対象者 | 社会福祉法人等 |
| 交付要綱等 | ・社会福祉施設等施設整備費の国庫補助について(第十三次改正　厚生労働省発社援0825第13号　平成27年8月25日) |

第4章　参考資料

| 施設名 |
|---|
| ●児童福祉施設等 |

| 補助事業名称 |
|---|
| 次世代育成支援対策施設整備費交付金 |

| 所管府省 |
|---|
| 厚生労働省 |

| 概要 |
|---|
| 次世代育成支援対策推進法に基づく都道府県、市町村行動計画に位置付けられた各種の子育て支援事業などの次世代育成支援対策に関する事業の実施に必要な施設整備について、交付金を交付。 |

| 対象事業要件 |
|---|
| 次世代育成支援対策を推進するために都道府県又は指定都市、中核市若しくは市町村（指定都市及び中核市を除き、特別区を含む。）が策定する都道府県整備計画又は市町村整備計画に基づいて実施される児童福祉施設等に関する施設整備事業 |

| 補助対象事業費 | ・施設整備費 |
|---|---|
| 補助率 | 整備計画全体に対し1/2を限度に交付 |
| 補助対象者 | 都道府県、市区町村 |
| 交付要綱等 | ・次世代育成支援対策施設整備費交付金交付要綱（第四次改正　厚生労働省発雇児0405第14号　平成24年4月5日） |

【参考】誘導施設に関係する主な支援制度

| 施設名 |
|---|
| ●保育所等 |

| 補助事業名称 |
|---|
| 保育所等整備交付金 |

| 所管府省 |
|---|
| 厚生労働省 |

| 概要 |
|---|
| 保育サービス等の基盤整備を推進するため、市町村が策定する整備計画に基づいて実施される保育所等に関する施設整備事業に対して、国が交付金を交付する。 |

| 対象事業要件 |
|---|
| 児童福祉法第35条第4項に基づき設置される保育所等で社会福祉法人、日本赤十字社、公益社団法人、公益財団法人又は学校法人(幼保連携型認定こども園を構成する幼稚園及び保育所の設置者が同一の学校法人であって、当該保育所の施設整備を行う場合に限る)が設置する事業 |

| | |
|---|---|
| 補助対象事業費 | ・施設整備費 |
| 補助率 | 1/2<br>待機児童解消加速化プランに参画するなどの要件に該当する場合は2/3 |
| 補助対象者 | 市区町村 |
| 交付要綱等 | ・平成27年度(平成26年度からの繰越分)保育所等整備交付金交付要綱<br>(厚生労働省発雇児0724第6号　平成27年7月24日) |

第4章　参考資料

| 施設名 ||
|---|---|
| ●保育所等 ||
| 補助事業名称 ||
| 子育て支援対策臨時特例交付金<br>（安心こども基金） | 保育所等整備事業 |
| 所管府省 ||
| 文部科学省<br>厚生労働省 ||
| 概要 ||
| 道府県が、「待機児童解消加速化プラン」による保育所の整備等、認定こども園等の保育需要への対応、及び保育の質の向上のための研修などを実施するとともに、地域の子育て力をはぐくむ取組等すべての子ども・家庭への支援、ひとり親家庭・社会的養護施設等への支援の拡充、児童虐待防止対策の強化、東日本大震災により被害を受けた地域における生活相談支援、配偶者間の不妊治療に要する費用の一部助成等により、子どもを安心して育てることが出来るような体制整備を行うため、基金を造成し、当該基金を活用することを目的とする。 ||
| 対象事業要件 ||
| ・保育所緊急整備事業（保育所（公立を除く）の施設整備費の補助等）<br>・賃貸物件による保育所整備事業<br>・子育て支援のための拠点施設整備事業<br>・放課後児童クラブ設置促進事業 ||
| 補助対象事業費 | ・施設整備費 |
| 補助率 | 2/3 |
| 補助対象者 | 市町村、社会福祉法人等 |
| 交付要綱等 | ・平成20年度子育て支援対策臨時特例交付金（安心こども基金）の運営について（【第十二次改正】23文科初第1784号　雇児発0331第17号　平成24年3月31日） |

コンパクトシティ研究会　代表　大島英司

| 【略　　歴】 | 内閣府政策統括官（防災担当）付　参事官（調査・企画担当）付　参事官補佐（平成29年3月現在）
平成10年4月建設省入省。平成23年4月より鳥取市役所都市整備部長、平成26年7月より国土交通省都市局都市計画課長補佐を経て現職 |
| --- | --- |
| 【所属学会】 | 日本建築学会、日本都市計画学会、日本計画行政学会 |
| 【著　　書】 | （共著）「公共施設の再編　計画と実践の手引き」（平成27年2月・森北出版株式会社）、（単著）「はじめてのエコまちづくり　太陽エネルギー・木質バイオマス活用の現在」（平成22年12月・地球社）、（単著）「都市に座標を　街区基準点を活用した測量のすすめ」（平成20年6月・地球社） |

（※）本書で示した見解や意見はすべて個人に属するものであり、国土交通省その他の各行政機関の公式の意見とは、一切関係がない。

## コンパクトシティ実践ガイド
―医療・福祉・子育て連携！―

平成29年3月10日　第1刷発行

編　集　コンパクトシティ研究会

発　行　株式会社ぎょうせい

〒136-8575　東京都江東区新木場1-18-11
電　話　編集　03-6892-6508
　　　　営業　03-6892-6666
　　　　フリーコール　0120-953-431
URL：https://gyosei.jp

〈検印省略〉

※乱丁・落丁本はお取り替えいたします。　　印刷　ぎょうせいデジタル㈱
Ⓒ2017 Printed in Japan

ISBN978-4-324-10263-3
(5108314-00-000)
［略号：コンパクトシティガイド］

# 法と現実との間で、自治体にできることとは?
## ケーススタディ
## 図解 自治体政策法務
### こんなときどうする 行政課題の解決法

鈴木庸夫／監修・新保浩一郎／編著　B5判・定価（本体3,000円＋税）

◆ 想定外の激甚災害への対策や保育所入所問題など、法の単純な運用だけでは解決できない行政課題にどう切り込むべきかを図解によってわかりやすく説示。
◆ 項目ごとに「前提となる基礎知識」を確認してから、課題や留意点を整理。執筆者の多くが現役の自治体職員であり、掲載事項も身近なものばかりで、実務直結の内容。
◆ 例規担当者や紹介事例の所管課はもちろん、すべての自治体職員に参考となる書。

---

# 組織や世代を越えた政策能力を習得するために!
## 地域を創る！「政策思考力」入門編

宮脇　淳・若生幸也／著
A5判・定価（本体1,700円＋税）

● 時代や地域にあわせた政策を創るために必要な、「観察力」「分析力」「創造力」等について、政策形成の現場で実際に起こっている事柄をあげながら解説。
● 政策を立案する上で土台となるモノの考え方・見方、利害関係者との交渉の仕方等が一目瞭然!
● 「公共政策」の知識のない方にも理解できるよう、より身近な事例を取り上げました。

---

 株式会社 ぎょうせい

フリーコール
**TEL：0120-953-431** [平日9～17時] **FAX：0120-953-495**
https://shop.gyosei.jp　ぎょうせいオンライン

〒136-8575 東京都江東区新木場1-18-11

# 単なる"お知らせ"からの脱却！
# 自治体広報の指針となる一冊！

## ソーシャルネットワーク時代の 自治体広報

河井孝仁／編著
A5判・定価（本体2,600円＋税）送料300円

◆広報誌、WEBサイト、動画作成、SNS、シティプロモーションなど、多岐にわたって自治体広報のしかたを紹介。
◆NPOや民間企業が持つ強みが、自治体の弱みをどのように補完したのか。ソーシャルネットワークを基礎とした協働が実現された事例も紹介。

---

平成29年1月から、地方公務員の皆様も
「iDeCo（個人型確定拠出年金）」加入が可能となります!!

## 地方公務員等のための iDeCo（イデコ）ハンドブック
（個人型確定拠出年金）

一般財団法人 地域社会ライフプラン協会／編著
B5判・定価（本体700円＋税）送料215円

＜こんなメリット＞
①掛金は全額所得控除されます。
②運用収益は非課税です。
③給付時も各種控除の適用があります。
④自身の裁量で資産運用が可能です。

●メリットばかりではなく、デメリットもわかりやすく解説。正しい知識を身に付けて、老後資金に向けた取り組み方を考えてみませんか。

---

〒136-8575 東京都江東区新木場1-18-11

フリーコール
TEL：0120-953-431 [平日9〜17時] FAX：0120-953-495
https://shop.gyosei.jp　ぎょうせいオンライン 検索